COUR DE CASSATION (Chambre criminelle)

Audience du 28 octobre 1898.

PROCÈS EN REVISION

AFFAIRE

DREYFUS

Réquisitoire d'audience

de M. MANAU, Procureur général à la Cour de Cassation.

GAZETTE DU PALAIS

3, BOULEVARD DU PALAIS — PARIS

1898

COUR DE CASSATION (Chambre criminelle)

Audience du 28 octobre 1898.

PROCÈS EN REVISION

AFFAIRE DREYFUS

Réquisitoire d'audience

de M. MANAU, Procureur général à la Cour de Cassation.

GAZETTE DU PALAIS

3, BOULEVARD DU PALAIS — PARIS

1898

Procès en Revision

AFFAIRE

DREYFUS

Réquisitoire d'audience de M. le Procureur général Manau.

Messieurs,

Voilà enfin l'affaire Dreyfus rentrée dans son domaine propre, le domaine de votre justice!

Elle n'aurait jamais dû, mais elle ne pourrait plus désormais, en sortir. En effet, d'une part, vous en êtes, quoi qu'on dise, *régulièrement* saisis par nous, sur ordre formel de M. le garde des sceaux seul. Qu'il ait agi spontanément ou en exécution d'une décision du conseil, peu importe pour nous ici. D'autre part, les passions et même les crises politiques ne sauraient légalement franchir le seuil de cette enceinte et troubler vos paisibles travaux. Enfin, vous ne pourriez vous dessaisir vous-mêmes, sans commettre un acte de forfaiture.

Question essentiellement judiciaire, les partis l'ont malheureusement, pour la tranquillité de notre cher pays, transformée trop longtemps en une dangereuse question politique. C'est à vous, Messieurs, à vous qui constituez la plus haute, la plus éclairée, la plus indépendante et,

par suite, la plus impartiale des juridictions,
qu'appartient la salutaire mission de ramener
le calme dans les esprits, en donnant à ce redou-
table procès la solution que votre conscience
d'honnêtes magistrats, exclusivement guidée par
l'examen et l'appréciation des pièces du dossier,
vous dictera. Votre arrêt, quel qu'il soit, devra
être pour tous l'expression suprême de la vérité
et de la justice !

Attendu avec autant d'anxiété que de confiance
par l'opinion publique, il sera accueilli, nous
osons l'espérer, avec le plus grand respect par
les gens honnêtes et de bonne foi de tous les
partis, quelles que puissent être d'ailleurs, à
l'heure actuelle, et avant qu'il ne soit rendu, les
opinions personnelles de chacun sur cette affaire
qui n'a été jugée jusqu'ici que par le sentiment
ou par la passion, et qui ne pouvait l'être que
par la connaissance complète et l'étude appro-
fondie et consciencieuse des faits. Cette sou-
mission à votre haute justice paraîtra très
simple à ceux qui n'auront au cœur que l'amour
de la France et les sentiments d'un vrai patriotisme.

Quant à nous, Messieurs, nous sommes heureux de prendre notre part de cette œuvre suprême de justice, qui devra être, nous le dési-
rons, une œuvre de pacification. Nous venons
vous dire, le plus simplement possible, mais
clairement, d'une façon précise, et nous ajoutons, pièces en mains, les yeux uniquement fixés
sur la loi, comment, d'après nous, vous pouvez résoudre ce procès. Nous n'avons pas besoin de dire,
vous nous connaissez assez pour cela, qu'à la
hauteur où nous place le poste élevé que nous
avons l'honneur d'occuper, nous n'entendrons
guère ici, ni ailleurs du reste, les bruits pas-

sionnés ou injurieux du dehors, car le cri de
notre conscience, *de ce tribunal sans appel*,
comme dit Larochefoucauld, les couvrira tous. Et
ce cri, entendez-le tout de suite. Messieurs, faites
la revision ou tout au moins préparez-en les
voies.

La revision! Qu'est-ce à dire pour vous, *dans
l'état actuel* de cette affaire? Est-ce que vous allez
proclamer l'innocence de Dreyfus, comme plusieurs l'ont cru? Est-ce que nous allons la proclamer nous-même et le réhabiliter comme nous
avons hautement, et avec une immense joie, pro-
clamé l'innocence de Vaux, mort au bagne, après
vingt-sept ans de souffrances imméritées, et réhabilité sa mémoire?

Ce n'est pas possible, *en ce moment*. La loi
de 1895 ne vous donne *aujourd'hui* qu'une mission assez importante, mais restreinte, puisque
le condamné dont vous avez à reviser le procès
est vivant. Vous n'avez que le droit de dire qu'il
existe des *faits nouveaux ou des pièces nouvelles
inconnues lors de sa condamnation, et qui sont de
nature à établir son innocence*, et, si vous le re-
connaissez, de renvoyer l'affaire devant de nouveaux juges. Pour qu'il nous fût possible, à nous
d'abord, à vous ensuite, de proclamer, *à cette
heure*, l'innocence de Dreyfus, si elle nous était
démontrée, il faudrait que Dreyfus fût *mort!*

Ceci, vous le savez comme nous, Messieurs,
mais nous tenons à ce que tout le monde le sache
bien, car nous voulons éviter que la conscience
publique nous demande ce que nous ne pouvons
pas accorder, et nous reproche de ne pas l'avoir
fait. Or, ce que nous disons est indiscutable. La
loi ne laisse aucun doute à cet égard. Il suffit de
la connaître, et, pour la connaître, de la lire. Le
texte est formel.

Nous savons bien qu'on a cru pouvoir émettre une opinion contraire, dans cette affaire même, en invoquant le dernier paragraphe de l'art. 445 de la loi ainsi conçu :

« Si l'annulation de l'arrêt, à l'égard d'un condamné vivant, ne laisse rien subsister qui puisse être qualifié crime ou délit, aucun renvoi ne sera prononcé. » Dans pareille hypothèse, en effet, il *ne reste plus rien à juger*, suivant l'expression de vos arrêts, lorsque, plus d'une fois déjà, vous avez eu à appliquer cette disposition. Mais, nous le demandons, lorsque, dans l'espèce actuelle, vous aurez déclaré, comme nous l'espérons, soit immédiatement, soit après telle information que vous pourriez juger nécessaire, qu'il existe un ou plusieurs faits nouveaux de nature à établir l'innocence du condamné, est-ce que d'abord il n'y aura plus ni crime ni délit qualifié ? Est-ce qu'il ne restera pas à juger quel est décidément l'auteur de la trahison dont s'agit ? Est-ce que la question de culpabilité ou d'innocence sera définitivement tranchée ?

Est-ce qu'il ne restera pas à juger, en fait, si réellement le fait nouveau affirmé par vous établit l'innocence du condamné ? Ne faudra-t-il pas rechercher et apprécier l'influence de ce fait sur la culpabilité contestée de ce condamné ? Ne faudra-t-il pas alors que cette question de culpabilité agrémentée du fait nouveau qui la rend douteuse soit soumise aux juges naturels que la loi assure à Dreyfus ? Cela est de la dernière évidence, *du moins en l'état de l'affaire, et sous la réserve de ce que pourrait produire votre enquête,* si elle ne laissait, comme dit la loi, *rien subsister contre Dreyfus qui pût être qualifié crime ou délit.* Au surplus, nous aurons, au cours de nos conclusions, à faire l'application spéciale de la règle que nous posons ici, lorsque nous aurons précisé le fait nouveau, ou, disons-le tout de suite, les deux faits nouveaux dont M. le garde des sceaux nous a donné l'ordre de vous saisir, et qui nous paraissent rendre la revision nécessaire.

Donc, voilà qui est bien entendu, nous n'avons *aujourd'hui*, ni nous, ni vous, à formuler une opinion quelconque sur la culpabilité ou l'innocence de Dreyfus. Nous la garderons, tous, au fond de notre conscience. Nous n'en dirons pas un mot dans notre réquisitoire. Vous n'en direz pas un mot dans votre arrêt. Ce serait une usurpation que nous commettrions. Nous ne la commettrons pas.

Ceci bien expliqué, nous abordons la discussion, après une observation préalable.

Le rapport si remarquable et si consciencieux que vous avez entendu hier, abrégera notre tâche.

Conservez précieusement dans vos souvenirs les renseignements soigneusement documentés qu'il vous a fournis sur les diverses phases de cette affaire, depuis le procès de 1894 jusqu'aux lettres adressées récemment par le lieutenant-colonel Picquart à M. le garde des sceaux et qui sont au dossier. Vous connaissez maintenant toute l'affaire. C'était le devoir de M. le rapporteur. Notre mission est tout autre.

En effet, quant à nous, il ne nous reste plus qu'à préciser le caractère juridique des faits nouveaux, que nous avons mission de vous déférer, et à en déduire les conséquences légales qui peuvent en résulter, *du moins à l'heure actuelle*.

La lettre de M. le garde des sceaux ne vise que deux faits nouveaux qui nous paraissent, au premier chef, revêtir le caractère juridique expressément exigé par la loi de 1895. Ils sont, à notre avis, de nature à établir l'innocence du condamné.

Ce caractère nous a paru si évident, que nous avons renoncé à vous en soumettre d'autres que l'examen des volumineux dossiers que nous avons scrupuleusement étudiés jusqu'à la dernière ligne, a pu nous révéler. Nous ne ferons que les indiquer, en signalant leur influence possible sur les deux faits retenus, pour achever de les éclairer au besoin.

Et maintenant examinons les deux faits nouveaux que nous vous soumettons.

Le premier, c'est le faux commis par Henry, en 1896.

Le second, c'est l'expertise faite en 1897, dans le procès Esterhazy.

§ 1. — Faux Henry.

Ce faux, vous le savez, désignait nominativement, pour la première fois, Dreyfus, et paraissait être destiné à confirmer de la façon la plus certaine sa culpabilité reconnue par le jugement de 1894.

Cette pièce étrange, sans date précise et sans signature, écrite dans un style qui n'appartient à aucune langue correcte, parut sérieuse, et, dans un débat solennel, elle a été présentée, de très bonne foi, à la Chambre des députés et au pays, comme la confirmation décisive du jugement du conseil de guerre.

D'où venait-elle? On ne savait qu'une chose, c'est qu'elle était parvenue au service des renseignements, mais on ne savait pas par quelle voie.

Ce n'est que le 30 août 1898 que le lieutenant-colonel Henry finit par reconnaître, après de longues dénégations, que c'était lui qui l'avait fabriquée et livrée au service des renseignements, dont il était le chef.

Arrêté immédiatement et conduit au Mont-Valérien, il se coupa la gorge le lendemain. On le trouva mort dans sa cellule.

Vous vous rappelez, Messieurs, et vous l'avez sans doute éprouvée comme nous, l'émotion produite dans tous les esprits par ce double événement si grave et si inattendu. Le lieutenant-colonel Henry, faussaire en 1896, lui qui avait joué un rôle si important dans le procès de 1894! Mais alors? Et un formidable point d'interrogation se posait dans la conscience de tous les braves gens, même de ceux qui, jusque-là, avaient été convaincus de la culpabilité de Dreyfus. Henry n'avait-il pas été un faux témoin? N'avait-il pas contribué, pour la plus grande part, à la condamnation de Dreyfus? Dreyfus était-il vraiment le traître digne des malédictions de la France, ou bien les hommes intelligents et honnêtes qui, depuis quelque temps, avaient entrepris sa défense, auraient-ils eu raison de protester avec une énergie que les plus abominables outrages et les plus indignes calomnies, qui ne déshonoraient que leurs auteurs, n'avaient pas découragée, contre la sentence du conseil de guerre de 1894?

La question, vainement agitée depuis si longtemps, allait enfin se poser, pour la première fois, d'une façon légale.

Mᵐᵉ Dreyfus, la malheureuse et digne femme du condamné, invoquant le paragraphe 4 de l'art. 443 de la loi de 1895, formulait, le 3 septembre, la demande en revision que M. le garde des sceaux nous a *légalement* donné l'ordre de vous présenter.

Et alors voici ce qu'il faut nous demander.

Ce fait si grave, le faux d'Henry, suivi de son

suicide, quoique postérieur de deux ans à la condamnation de Dreyfus, est-il *de nature à établir l'innocence du condamné?*

On peut dire et on a dit que ce document, qui était destiné à prouver, d'une façon cette fois incontestable, la culpabilité de Dreyfus, étant un faux, ne prouve plus, par lui-même, sans doute, cette culpabilité, qu'il doit donc être considéré comme n'ayant jamais existé, mais qu'il laisse debout toutes les autres preuves que l'on pourrait avoir contre Dreyfus, et qui l'ont fait condamner.

Quant à nous, nous ne saurions admettre un pareil raisonnement, et voici pourquoi :

Une réflexion doit venir tout de suite à l'esprit de tout homme de bon sens, voulant juger honnêtement et sans passion cette affaire, comme il jugerait la première affaire venue.

Si les preuves existant en 1894 étaient suffisantes pour justifier la condamnation intervenue, on pourrait comprendre, après tout, que, pour calmer l'opinion publique si violemment surexcitée depuis cette époque, ainsi que pour imposer à tous, quels qu'ils fussent, le respect dû à la chose jugée et aux honorables membres du conseil de guerre qui avait rendu la sentence, le lieutenant-colonel Henry eût songé à produire une pièce nouvelle, mais sincère, qu'il aurait découverte en 1896. Il eût fermé ainsi la bouche aux défenseurs les plus convaincus de Dreyfus et mis heureusement fin aux polémiques si ardentes, si passionnées et souvent si injustes qui divisent la France en deux camps ennemis. La trahison eût été alors établie d'une manière éclatante. Les preuves antérieures seraient devenues inébranlables.

Mais il n'en est pas ainsi, nous le savons tous

aujourd'hui, Messieurs, Henry a fait un faux. Et, par parenthèse, on a osé faire cet indigne outrage à la conscience publique, d'ouvrir une souscription pour élever un monument à cet homme qu'on appelle « un héros »! — Messieurs, on s'est permis de nous en envoyer le prospectus! Il est probable que nous n'avons pas été privilégié, et que chacun de vous en a reçu un pareil.

En attendant l'inauguration, peu prochaine, sans doute, d'un semblable monument, il faut se demander pourquoi Henry a fait ce faux.

Il n'y a qu'une réponse à cette question, et c'est le bon sens et la logique la plus élémentaire qui la fournissent. Il a fait un faux, d'abord parce qu'il voulait ainsi étayer sa déposition de 1894, et ensuite parce qu'il a jugé que les preuves antérieures étaient insuffisantes. Plus que d'autres, il pouvait le craindre en effet. Car nous avons la preuve que le bordereau qui, d'après le dossier, paraît avoir servi de base à la condamnation et qui a été saisi le 15 octobre 1894, entre les mains de M. le général Gonse, sous-chef d'état-major général, par le commandant du Paty de Clam, chargé de l'instruction du procès, avait été remis à cet officier général, savez-vous par qui? Par Henry, alors chef de bataillon et sous-chef du bureau des renseignements.

Et alors, nous nous demandons avec une anxieuse curiosité d'où venait ce bordereau?

C'est Henry qui va nous répondre.

Au moment de son arrestation, le 30 août 1898, il a déclaré au général Roget, chef de cabinet du ministre de la guerre, que c'était **à lui** *qu'un agent, qu'il n'a pas nommé et que personne n'a nommé* **dans l'instruction** *avait apporté ce bordereau.*

Quel agent? Pourquoi ne l'a-t-il pas nommé?

Singulière et troublante discrétion, permettant toutes les suppositions, autorisant toutes les inquiétudes sur ce point comme sur d'autres.

Ces inquiétudes ne font qu'augmenter, si l'on retient les propos si étranges qu'il a tenus, au moment où on le conduisait au Mont-Valérien.

Ecoutez-les, Messieurs, un procès-verbal les révèle : « C'est inconcevable ! Que me veut-on ? C'est à devenir fou. Ma conscience ne me reproche rien. Ce que j'ai fait, je suis prêt à le faire encore. C'était pour le bien du pays et de l'armée. Je n'ai jamais fait de mal à personne. J'ai toujours fait mon devoir. *Quel malheur d'avoir rencontré de pareils misérables ! Ils sont cause de tous mes malheurs !* »

Messieurs, ce sont là des paroles bien graves. N'oublions pas pourtant que c'est un faussaire qui parle et qui se défend.

Dit-il la vérité ? Quoi qu'il dise à ce moment, il est absolument suspect. Et nous ajoutons de suite : quoi qu'il ait dit auparavant, il est suspect. Donc l'origine qu'il a attribuée au bordereau est devenue, grâce à lui, suspecte.

C'est à cela qu'il faut aboutir.

Voilà une première observation. Mais ce n'est pas tout, et voici, selon nous, le lien qui rattache le faux de 1896 au procès de 1894.

C'est Henry qui a été le principal témoin, le pivot le plus solide, la cheville ouvrière, en un mot, de l'accusation portée contre Dreyfus.

Et ceci n'est pas contestable, car le dossier contient deux lettres du ministre de la guerre, adressées à M. le garde des sceaux, les 10 et 16 septembre derniers, qui constatent que le commandant Henry a été délégué pour déposer dans le procès Dreyfus *précisément au nom du service des renseignements.*

Qu'a-t-il ait? Quelle a été son attitude?

Nous avons déjà exprimé le regret, et nous le renouvelons, que le procès-verbal des débats devant les conseils de guerre ne porte pas le texte des dépositions des témoins, non plus, du reste. que le procès-verbal des débats devant les cours d'assises.

Nous ne pouvons donc que consulter la déposition écrite d'Henry à l'instruction. Or, cette déposition est fort explicite, elle accuse formellement Dreyfus.

Mais ce n'est pas tout. — La déposition, la double déposition d'Henry à l'audience — car il a été rappelé sur sa demande pour en faire une seconde — n'a-t-elle pas dû être de nature à faire la plus vive impression sur l'esprit des honnêtes membres du conseil de guerre? N'a-t-elle pas été ardente et passionnée?

N'a-t-on pas le droit de se demander si ce n'est pas son œuvre qu'il venait défendre? Et cette œuvre, comment en avait-il conçu la pensée? D'où cette pensée lui était-elle venue? L'enquête, si vous l'ordonnez, nous l'apprendra peut-être. Quant à présent, nous sommes fort troublé, Messieurs. Nous venons d'entendre les mots formidables qu'il a prononcés, au moment où on le conduisait en prison. C'était la moitié d'un secret terrible. Il a emporté le reste dans la tombe.

Mais ce silence scellé par la mort sur ses lèvres est douloureusement éloquent. Pour employer l'expression de d'Aguesseau, nous *écoutons ce silence* et nous en sommes très inquiet. Le mort a parlé suffisamment quand même. Et, grâce à lui, nous pouvons affirmer de plus fort, en notre âme et conscience, que tout ce qu'il a dit, tout ce qu'il a fait pour faire condamner Dreyfus est frappé de suspicion légitime, que la sentence qu'il a peut-être entraînée peut constituer une erreur judiciaire, et que, si la loi le permet ou l'impose, il est nécessaire d'en contrôler l'exactitude, sans que nous ayons même à douter de la sincérité et de la bonne foi des juges qui l'ont rendue.

Mais, Messieurs, ceci nous amène à une démonstration juridique importante au premier chef.

La déposition d'Henry étant rendue essentiellement suspecte par le faux de 1896, il est permis de soupçonner qu'elle constitue un faux témoignage.

Si Henry ne s'était pas suicidé, il aurait été poursuivi certainement, d'abord pour le faux de 1896, et très probablement pour le faux témoignage commis en 1894. S'il avait été condamné pour faux témoignage, nous nous serions trouvés en présence du paragraphe 3 de l'art. 443 de la loi de 1895, ainsi conçu :

« La revision pourra être demandée..... lorsqu'un des témoins entendus aura été, postérieurement à la condamnation, poursuivi et condamné pour faux témoignage contre l'accusé ou le prévenu..... »

S'il en eût été ainsi, la revision se serait imposée. comme elle s'est imposée dans l'affaire Cauvin. C'eût été, passez-nous l'expression, « un cas de revision obligatoire ». Mais il est mort. Il ne peut plus être « poursuivi ni condamné ». Il n'est donc pas possible d'appliquer la disposition que nous venons de rappeler.

Mais est-ce que *le soupçon de faux témoignage*

autorisé par le faux avoué de 1896, ne peut pas constituer par lui-même un « fait nouveau de nature à établir l'innocence du condamné », et ce fait nouveau ne peut-il pas être invoqué par application de l'art. 443 § 4 de la loi de 1895?

Nous n'hésitons pas à résoudre la question par l'affirmative. Non seulement c'est un fait nouveau, mais c'est un élément important du fait nouveau résultant du faux de 1896. Ce soupçon reste soumis à votre appréciation. Et il constitue ainsi un *cas de revision facultative*, contrairement au *cas de revision obligatoire résultant du faux témoignage poursuivi et condamné*.

Est-il possible de contester l'influence de ce soupçon sur la valeur légale du témoignage de 1894? — Et en même temps n'infirme-t-il pas moralement l'autorité de l'œuvre judiciaire à laquelle ce témoignage a probablement servi de base? Car Henry n'est pas seulement un témoin suspect, mais il doit être considéré comme l'inspirateur et, dans tous les cas, comme le soutien, par sa seule présence, des déclarations fournies de très bonne foi par les honnêtes témoins qui ont comparu avec lui, et à côté de lui, soit à l'instruction, soit aux débats du procès qui a abouti à la condamnation de Dreyfus.

Et alors nous n'avons plus qu'une question à nous poser.

Cette thèse est-elle juridique? Est-elle conforme à la loi? Oh! ici, aucun doute n'est possible. Il suffit de rappeler les travaux parlementaires qui ont précédé l'art. 443 de la loi de 1895.

Il semble, Messieurs, que la situation actuelle ait été réglée d'avance par le législateur lui-même, et nous ne saurions prévoir, même de la part des esprits les plus prévenus, ou, si l'on veut, les plus convaincus de la culpabilité de Dreyfus, quels qu'ils soient, une contestation quelconque sur ce que nous allons dire.

Lorsque la Chambre des députés s'occupa de la loi de 1895, elle ajouta l'alinéa suivant à l'art. 443, qui admettait le droit de revision, en cas de faux témoignage :

« Dans ce dernier cas, le droit à la revision reste ouvert, alors même que le témoin *soupçonné de faux témoignage* ne peut plus être poursuivi et condamné par suite de décès, de prescription, etc... »

Lorsque la loi arriva au Sénat, cet alinéa fut supprimé par la commission. Mais voici pourquoi.

M. le sénateur Bérenger, rapporteur, s'expliqua ainsi à ce sujet :

« Il ne faut pas se méprendre sur le caractère de cette suppression. Elle ne voudra nullement dire que nous renonçons à accorder à l'individu auquel on reconnaît le droit de réclamer la revision la faculté de le faire, quand le faux témoin, dont la condamnation eût fait éclater son innocence, ne peut plus être poursuivi, par suite du fait accidentel de sa mort. Mais il a été remarqué, avec raison, qu'une disposition spéciale n'était pas nécessaire, et que les termes généraux du paragraphe 4 de l'art. 443 suffisaient à le lui assurer. Ce paragraphe porte, en effet, que la revision peut être demandée lorsqu'un fait vient à se produire ou à se révéler, d'où paraît résulter la non-culpabilité de celui qui a été condamné.

« Par conséquent, le cas particulier que nous avions entendu viser se trouve nécessairement compris dans la généralité de ces expressions. »

La loi revint ainsi modifiée à la Chambre. Et, sur l'instance de quelques députés qui voulaient absolument rétablir l'alinéa supprimé, M. Pourquery de Boisserin, rapporteur, confirma l'opinion de M. Bérenger, en ajoutant ce qui suit :

« Le Sénat a maintenu le droit formel de revision, lorsque, dans les deuxième et troisième cas de l'art. 443, l'auteur signalé d'un crime ou d'un délit, à l'occasion duquel a été prononcée une première condamnation, ou que le témoin soupçonné de faux témoignage, ne peuvent plus être poursuivis ou condamnés, par suite d'irresponsabilité pénale, de prescription, de décès, etc. Votre commission, à l'unanimité, m'a donné mandat d'insister sur ce point, pour dissiper toute équivoque et mettre en évidence la volonté des deux Chambres (qui fonde, envers et contre tous, la volonté de la loi). *Toute interprétation contraire serait une révolte contre la loi.* »

La loi fut ainsi votée avec cette seule modification que le mot *innocence* fut substitué au mot *non-culpabilité*. Les motifs graves de cette modification n'ont pas d'intérêt dans cette affaire. Nous n'en parlerons pas.

Que résulte-t-il de là?

C'est que le législateur a voulu que le caractère suspect d'un témoignage pût être considéré, suivant l'appréciation qui en serait faite par la Cour de cassation, comme un fait nouveau donnant ouverture possible à la revision, alors même que le faux témoin soupçonné n'eût pu être poursuivi ni condamné par suite de son décès ou de toute autre cause.

A plus forte raison, doit-il en être ainsi, dirons-nous, lorsque la suspicion qui s'attache au témoignage provient d'un faux avoué, commis pour tâcher de fortifier et de justifier le témoignage.

Or, c'est là précisément le cas du procès. Nous avons donc le droit de dire qu'à ce premier point de vue, la condamnation de 1894 s'appuie sur une base essentiellement suspecte, que les prétendues preuves de la culpabilité sont légalement infirmées, et que, par suite, Dreyfus doit bénéficier de la présomption d'innocence qui couvre tout condamné pouvant invoquer la loi de 1895 comme elle couvre tout accusé, au moment où il est poursuivi.

Nous estimons donc que le faux de 1896 se lie au témoignage de 1894, qu'il le rend suspect, et qu'il pourrait constituer ainsi, à vos yeux, comme il le constitue aux nôtres, à un double point de vue, un fait nouveau caractérisé dans les conditions de la loi. Par suite, il pourrait vous paraître suffisant pour vous faire admettre d'ores et déjà la revision.

§ 2. — Expertise Esterhazy.

Messieurs, c'est pour l'acquit de notre conscience, et pour ne rien laisser de côté de ce qui peut être sinon essentiel du moins utile, au besoin, dans ce procès, que nous avons examiné le fait nouveau résultant, selon nous, du faux Henry. Car si, contrairement à notre opinion, vous ne considériez point ce faux comme base légale de revision, nous vous soumettons, en ce moment, un autre fait nouveau évident, indiscutable, et excluant toute contradiction, même de la part de ceux qui sont le plus opposés à toute revision, Nous voulons parler de l'expertise qui a eu lieu en 1897, dans le procès intenté à Esterhazy poursuivi comme auteur du bordereau.

Ici, Messieurs, nous devons nous effacer pour quelques instants devant les experts. Nous leur cédons la parole bien volontiers, car elle peut être, selon nous, décisive. Et quand ils auront parlé, remarquez-le bien, nous ne nous permettrons pas d'apprécier ou de discuter leur opinion. Nous nous bornerons à retenir leurs constatations. Cela suffira à l'œuvre que nous avons à accomplir sur ce second point *aujourd'hui*.

Mais avant de mettre en scène les experts de 1897, nous devons y mettre, tout d'abord, les experts de 1894.

I. — *Experts de 1894.*

La procédure semble établir que les conclusions de ces experts ont constitué le principal élément de preuve contre Dreyfus, et ont entraîné sa condamnation. Ils étaient cinq. Qu'ont-ils dit ?

M. Gobert, expert attaché à la Banque de France, s'est exprimé ainsi : « La lettre anonyme incriminée (c'est-à-dire le bordereau) *pourrait être d'une personne autre que celle soupçonnée.* » (Il faut noter, en passant, qu'on ne lui avait pas dit que cette personne était Dreyfus. Les pièces de comparaison ne portaient pas de signature.) Il fait ressortir — ceci est bien important — *que ce document n'est pas tracé d'une écriture déguisée, mais bien au contraire d'une manière naturelle et normale et avec une grande rapidité.*

« Ce dernier détail, ajoute-t-il — et ceci est encore plus important, vous allez voir bientôt pourquoi — EXCLUT LA POSSIBILITÉ D'UNE ÉTUDE OU D'UN DÉGUISEMENT QUELCONQUE. (Lettre du 13 octobre 1894.)

Voici maintenant M. Pelletier, expert assermenté. Il lui avait été remis, en même temps que des spécimens de l'écriture de Dreyfus, une pièce de comparaison écrite par une autre personne non dénommée. Il conclut ainsi :

« Nous ne nous croyons pas autorisé à attribuer ni à l'une ni à l'autre des personnes soupçonnées le document incriminé. » (Rapport du 25 octobre 1894.)

Voilà qui est net. Deux experts excluent Dreyfus de toute participation à la confection du bordereau.

Voyons les trois autres.

Voici d'abord M. Bertillon, l'honorable chef du service de l'anthropométrie judiciaire. Que dit-il?

Nous lisons, dans une lettre de lui, en date du 13 octobre 1894, ce qui suit :

« Si l'on écarte l'hypothèse d'un document forgé avec le plus grand soin, *il appert manifestement que c'est la même personne qui a écrit la lettre et les pièces communiquées.* »

Plus tard, dans son rapport officiel, il persiste à attribuer le bordereau à Dreyfus, tout en constatant, dans l'écriture de ce document, « certaines dissemblances volontaires destinées, disait-il, à permettre au coupable d'arguer de la possibilité d'une *pièce forgée ou calquée* ». N'oubliez pas cette idée *d'une pièce calquée*, Messieurs, vous allez voir qu'elle sera utilisée plus tard, d'une façon bien profitable pour Esterhazy, mais, par une conséquence bien inattendue, protectrice pour Dreyfus.

N'anticipons pas. — Sans discussion, notons seulement que cette indication d'une *pièce forgée ou calquée*, est déjà en contradiction manifeste avec l'opinion, qui n'est pas à dédaigner, de M. Gobert. — M. Gobert, en effet, nous le rappelons, nous a appris « que ce bordereau n'est pas tracé d'une écriture déguisée, mais, bien au contraire, d'une manière naturelle, normale et avec une grande rapidité, excluant la possibilité d'une étude ou d'un déguisement quelconque ».

Ecoutons maintenant MM. Teyssonnières et Charavay, les deux autres experts assermentés. Plus fermes, plus précis que M. Bertillon, et sans aucune restriction relative à une *pièce forgée ou calquée*, ils s'expriment ainsi :

M. Teyssonnières. — « Nous déclarons, sur notre honneur et conscience, que l'écriture de la pièce incriminée nº 1 (le bordereau) émane de la même main qui a tracé l'écriture des pièc de comparaison 2 à 30. »

M. Charavay.— « Etant données les constatations notées dans le présent rapport, je, soussigné, conclus que la pièce incriminée est de la même écriture que les pièces de comparaison 2 à 30. »

Voilà, Messieurs, l'expertise qui a servi de base légale au procès de 1894, et à la condamnation de Dreyfus. Passons, pour le moment, et arrivons à l'expertise de 1897.

II. — *Expertise de 1897.*

A l'unanimité, cette fois, les trois experts, Couard, Varinard et Belhomme concluent qu'Esterhazy n'est pas l'auteur du bordereau. Pourquoi ? Parce que, s'ils ont constaté certains contrastes dans la physionomie générale des deux écritures, ils reconnaissent qu'il existe cependant, dans certains mots entiers et dans le détail de certaines lettres, des similitudes telles qu'ils en arrivent à l'hypothèse d'un *décalque*.

Nous entrons ici, Messieurs, dans la phase décisive du procès.

Il faut nous y arrêter. Nous vous devons quelques extraits du rapport des experts de 1897. Pour employer un des mots de l'affaire, qui nous vient d'Esterhazy lui-même ou de la mystérieuse dame voilée, c'est le rapport *libérateur!* Seulement cette fois il paraît l'être pour Dreyfus, *au moins provisoirement;* car c'est un fait nouveau nettement caractérisé. MM. les experts nous font connaître d'abord leur méthode de travail. On sait que chaque expert a la sienne, et celle qu'il a adoptée est toujours la meilleure, bien entendu. Nous en avons vu de plusieurs sortes, dans cette affaire, et il y en a eu même de peu vulgaires.

Passons. Cela n'aurait d'intérêt pour nous que si nous étions chargés par la loi de faire *aujourd'hui* la revision au fond. Et ce n'est pas le cas.

« La mission que vous avez bien voulu nous confier étant des plus délicates, disent-ils, nous nous sommes attachés à nous conformer strictement aux règles de notre méthode que nous n'avons pas la prétention de croire infaillible, mais qui nous paraît de nature à prévenir bien des erreurs.

« L'expérience nous a appris que le rapprochement prématuré des pièces de question et des pièces de comparaison est la source la plus abondante d'erreurs dans les vérifications d'écritures, et que les experts sont d'autant plus exposés aux erreurs provenant de cette source, que leur promptitude de coup d'œil et leur sagacité sont plus grandes! (Être d'autant plus sujet à l'erreur qu'on a plus de sagacité, c'est étrange, nous semble-t-il. Il faut avoir un coup d'œil d'expert, pour voir clair dans un tel raisonnement; ce coup d'œil nous manque. Et nous continuons la citation.)

« Il peut arriver, et il arrive presque toujours que certaines ressemblances, même d'un ordre secondaire, leur sautent aux yeux. Dès lors, la pensée, comme la vue, ne peut plus s'en détacher, et l'expertise est faussée, dès le principe. Une fois sur cette pente, on ne peut plus s'arrêter et l'on abou-

tit forcément à des conclusions erronées. En conséquence, nous avons l'habitude, quand nous sommes trois, comme nous le sommes toujours en ma-
tière civile, de nous partager le travail et d'opérer
d'abord séparément. Pendant que l'un de nous
examine les pièces de comparaison seules, un autre
étudie la ou les pièces à vérifier. Le travail de chacun d'eux est ensuite à contrôler par les deux
autres. Puis, nous nous réunissons pour procéder
conjointement aux rapprochements, discuter les
constatations et les observations faites par chacun
de nous et rédige. un rapport commun, chacun
restant libre, en cas de divergence, de motiver son
avis particulier, ce qui, dans l'espèce, n'a pas eu
lieu, *attendu que nous sommes entièrement d'accord sur tous les points, et que nos conclusions
ont été prises à l'unanimité.*

« Il nous a paru utile, M. le Rapporteur du Conseil de guerre (c'est M. Ravary), de vous faire connaitre notre manière de procéder *et la prudente
méfiance de nous-mêmes*, que nous apportons dans
nos investigations (page 9 du rapport). »

Voilà la méthode adoptée. Elle est, vous le voyez,
aussi *prudente* que possible, semble-t-il. Comment
a-t-elle été suivie ?

Voici quelques extraits :

Page 14. — « Considérée dans son ensemble,
l'écriture de M. Esterhazy a un caractère très net
et bien personnel, de telle sorte qu'après l'avoir
étudiée, on peut reconnaitre, au premier coup d'œil,
si une pièce nouvellement ajoutée ou dessinée est
ou n'est pas de lui.

« Ce qui distingue, avant tout, cette écriture,
« c'est la fermeté, l'énergie du coup de plume, l'al-
« lure franche et délibérée. »

Ceci nous rappelle l'opinion de M. Gobert sur
l'écriture du bordereau, écrit, dit-il, « d'une manière

naturelle et normale et avec une grande rapidité, ce qui exclut la possibilité d'une étude ou d'un déguisement quelconque ». Et il n'a pas attribué le bordereau à Dreyfus !

Continuons.

« Ce n'est pas une bonne écriture. Si elle est homogène dans l'ensemble, elle ne l'est pas dans les détails. C'est là un défaut grave, d'où provient qu'il existe nécessairement des ressemblances entre cette écriture et beaucoup d'autres, avec lesquelles on peut, à première vue, la confondre. Mais, à la réflexion, cette impression s'efface. On reconnaît nettement l'écriture d'un homme ardent, passionné, toujours pressé d'agir, et dont la main s'efforce, mais en vain, d'aller aussi vite que la pensée. Ceci explique les formes défectueuses de certaines lettres, et les irrégularités de toutes sortes qu'on remarque dans cette écriture. »

Page 18. — « De l'étude de l'écriture d'Esterhazy depuis 1882 jusqu'en 1897, il résulte pour nous qu'au fond cette écriture est restée la même, tant dans l'ensemble que dans les détails, et que, si des circonstances, que le contexte des lettres permet souvent de déterminer, ont pu, à un moment donné, apporter quelques modifications à la tenue de la plume et aux mouvements de la main, ces modifications se produisent d'un bout à l'autre de l'écrit, sans discontinuer, sans défaillance aucune ; de sorte que, dans les pièces de comparaison émanant certainement de M. Esterhazy et reconnues par lui, il y a, depuis le premier mot jusqu'au dernier, une homogénéité remarquable. *Nous devons donc tenir comme suspectes les pièces où nous ne retrouvons pas cette homogénéité.* »

Examen de la pièce de question.

Page 19. — « Cette pièce, sans date et sans signature, lacérée en morceaux de forme irrégulière, nous apparaît, au premier coup d'œil, *comme un document suspect*.

« Elle est tracée sur du papier pelure d'une telle transparence, qu'elle a pu être *calquée* sur d'autres documents auxquels on aurait emprunté soit des mots entiers, soit des parties de mots. Remarquons toutefois qu'il ne peut pas y avoir un *calque* pour certaines lignes du verso qui sont superposées à des lignes du recto ; mais *le procédé du calque* a pu être employé pour le recto tout entier, et pour les lignes du verso qui ne correspondent pas à des lignes du recto, notamment les lignes 22e et 30e, qui contiennent toutes deux le mot « manœuvres ».

« La physionomie générale du bordereau confirme les doutes que nous concevons sur sa sincérité. »

Page 21 et 22. — « Il est incontestable que l'écriture du bordereau n'est pas franche et naturelle (opinion contradictoire avec celle de M. Gobert, qui la déclare naturelle), qu'elle manque absolument d'homogénéité dans la première page, et que c'est par conséquent un document frauduleux. (Autre contradiction avec M. Gobert.)

« D'un autre côté, c'est principalement au recto que se trouvent les incohérences, tandis qu'au verso, du moins dans les lignes 19 à 29, l'écriture est presque entièrement du même type, et que ce type se retrouve au recto dans les mots où nous n'avons pas à signaler des tares. Par conséquent, nous pouvons considérer les mots contenus dans les lignes 19 à 29 et ceux du même type, qui sont au recto, comme étant la véritable écriture de l'auteur du bordereau. »

Page 22. — « Parmi les détails des lettres, nous relevons la forme de l's double, qui est figuré *ss* dans les mots adre*ss*é (2e ligne), intére*ss*ants (3e ligne), intére*ss*é (2e ligne) etc... »

Page 25. — « Rapprochons du bordereau les pièces de comparaison.

« Ce qui nous frappe tout d'abord, c'est le contraste que nous constatons entre l'homogénéité de chacun des écrits d'Esterhazy pris à part, où le même type d'écriture se conserve d'un bout à l'autre, sans défaillance, et les incohérences de toutes sortes relevées dans le bordereau, les hésitations, les reprises, la gène, la contrainte qui sont des indices de fraude. Ceci est très important, et nous permet d'indiquer le procédé qui a été employé pour la fabrication du bordereau. »

Page 26. — « Nous reconnaissons bien dans le bordereau des formes de lettres qui sont caractéristiques de l'écriture d'Esterhazy. Mais là s'arrête la ressemblance, et nous constatons, au contraire, des dissemblances, disons mieux, de véritables dissimilitudes dans le caractère général de l'écriture. »

Pages 27 et 28. — « Tandis que M. Esterhazy varie incessamment les formes des caractères et n'écrit jamais deux fois le même mot de la même façon, nous constatons que les mots qui sont répétés dans le bordereau le sont d'une façon identique, comme si le second était *calqué* sur le premier, ce qui donne lieu de penser que l'un et l'autre ont été *calqués* sur un troisième.

« Ainsi *adresse, manœuvres* (22 et 30), *artillerie* (11 et 14).

« Si, comme l'un de nous l'a fait, on prend le calque des deux parties de ce dernier mot arti-llerie qui ont été tracées, chacune d'un seul trait, on constate par superposition qu'elles sont identiques, chacune à chacune. Cette reproduction exacte des mêmes mots est un indice certain de fraude.

« En raison des dissemblances dans la physionomie générale des deux écritures, nous nous croyons, dès à présent, bien fondés à dire qu'elles ne sont pas de la même main. »

Page 29. — « Supposons qu'Esterhazy ait fabriqué le bordereau, il est clair qu'il se sera efforcé de dissimuler sa personnalité graphique. Or, dans le bordereau, il faut noter les mots *sans nouvelles* et *documents* (1 et 15) dont le tracé est étudié et qui sont comme dessinés, et surtout les majuscules S et C. Ces majuscules se retrouvent dans l'écriture du commandant. Peut-on admettre qu'il ait pris à tâche de les reproduire, en les traçant avec une application soutenue dans un écrit qu'il voulait faire imputer à un autre? N'est-il pas plausible, au contraire, qu'une personne possédant quelque spécimen de l'écriture du commandant, a imité cette écriture pour dissimuler sa personnalité graphique derrière celle d'Esterhazy?

« Même raisonnement pour la majuscule *A* qui n'est dans l'écriture du commandant, comme dans le bordereau, qu'une minuscule agrandie, et pour la majuscule M, qui mérite une attention toute particulière. M, puis *M* et encore *m* dont le 3ᵉ jambage est allemand.

« Enfin indifféremment il mélange. Dans le bordereau, pas de trace de mélange.

« Dans le bordereau, remarquer les *ss* doubles... Peut-on supposer qu'un homme intelligent, ayant étudié l'écriture d'un autre, n'ait pas remarqué que la main donne à l'*ss* double une forme toute spéciale? N'est-il pas probable, au contraire, que l'auteur ayant l'intention de faire imputer à Esterhazy la fabrication du document, et ayant remarqué la forme toute spéciale de l'*ss* double ne s'en soit emparé pour l'imiter? »

Conclusions. — « Nous pensons qu'il y a là une imitation maladroite.

« En conséquence, le bordereau n'est pas l'œuvre du commandant. »

Messieurs, voilà le rapport. Nous nous garderons bien de le discuter, ce serait de l'ingratitude de notre part. Il est la clé de la revision.

Il nous suffit d'en retenir, quant à présent, cette constatation, c'est que les experts de 1897 affirment que l'écriture du bordereau *n'est pas de la main d'Esterhazy, par ce motif que la plus grande partie est décalquée par quelqu'un qui a dissimulé ainsi sa personnalité graphique derrière celle du commandant.*

Ajoutons qu'ils ont joint à leur rapport une photographie du bordereau, dans laquelle ils ont relevé avec soin, à l'encre rouge, les mots calqués qui paraissent avoir déterminé leur conviction. Le recto en est criblé. Le verso, par les raisons qu'ils en donnent, en contient un moins grand nombre.

Nous verrons bientôt les conséquences légales de ce rapport, au point de vue de la recherche juridique que nous avons à faire du fait nouveau, qui nous paraît résulter de ces constatations et de ces conclusions.

Mais, auparavant, nous devons aborder une question bien grave. C'est une obligation absolue pour nous de la traiter devant vous, sous peine de déserter notre devoir, ce qui n'est pas dans nos habitudes, vous le savez.

D'où vient donc cette idée du *décalque?* Les experts l'ont-ils découverte seuls, par les procédés de cette méthode, dont ils ont vanté l'excellence, tout en reconnaissant modestement qu'ils ne sont pas infaillibles? Voyons.

Vous vous rappelez, Messieurs, ce passage que nous vous avons déjà signalé, il y a quelques instants, du rapport de M. Bertillon, dans lequel, tout en attribuant le bordereau à Dreyfus, cet honorable expert constate « dans l'écriture de ce document, certaines dissemblances volontaires destinées, dit-il, à permettre au coupable d'arguer de la possibilité d'une *pièce forgée ou calquée* ».

Le rapport de M. Bertillon est de 1894. Il était donc connu des experts de 1897… et d'Esterhazy. Et alors, Messieurs, veuillez vous expliquer, si vous le pouvez, la note suivante, écrite et reconnue par Esterhazy, à la veille du rapport des experts. Cette note a été trouvée, cachée dans une potiche japonaise, sur la cheminée du salon de la demoiselle Pays. Elle y a été saisie. Esterhazy l'y avait laissée, oubliant, heureusement pour la vérité et pour la justice, la règle de prudence : *Verba volant, scripta manent.*

La lettre était destinée à quelqu'un qu'Esterhazy a obstinément refusé de nommer, et que nous ne nommerons pas davantage, fermant l'oreille à tous les échos qui, depuis quelques jours, prononcent son nom, étant résolu à ne nous servir devant vous que des pièces du dossier, et ne voulant pas dire un mot, un seul, qui ne soit appuyé sur un document certain, pour éviter toute contradiction de la part de qui que ce soit. Il vous appartiendra, Messieurs, si cela vous parait nécessaire, d'ouvrir une information sur ce point, comme d'ailleurs sur tous ceux qui vous paraîtraient la mériter, et nous nous y associons d'avance.

Esterhazy trouvera là l'occasion toute naturelle de fournir toutes explications qu'il jugera utiles et qu'il parait désireux de fournir, d'après la lettre qu'il nous a adressée et qu'il a livrée à la presse. Nous ne lui demanderons qu'une chose, c'est de les donner complètes et sincères. Quant à supprimer cette pièce et d'autres du débat où nous les avons trouvées (comme nous l'a demandé son avocat par une lettre que nous avons remise à M. le rapporteur), ce serait oublier les *nécessités légales* d'une demande en revision fondée sur des faits nouveaux.

Ecoutez, Messieurs, et jugez :

« Que dois-je faire tout à l'heure? (Dans un autre brouillon joint à celui-ci, et contenant quelques variantes sans importance, on lit : Que dois-je faire demain?)

« Puisque les experts se *refusent à conclure comme vous l'espériez*, dois-je demander, comme Tézénas le voulait tout d'abord, comme c'est mon droit, l'expertise de l'écriture de Dreyfus, et, reparler du *décalque?* (Il rappelle ensuite les conclusions des mêmes experts formulées contre lui, à propos de l'abominable lettre dite du Uhlan, niée par lui, et par parenthèse, il s'en plaint amèrement et d'une façon blessante, surtout pour l'un deux, M. Belhomme, qu'il traite indignement). Et il continue ainsi :

« Si les experts concluent que *l'écrit est de moi*,
« il m'est impossible, pour ma défense, de ne pas
« m'efforcer de démontrer que c'est Dreyfus qui
« est l'auteur du bordereau. Comprenez que, *si*
« *vous êtes véritablement les maîtres de l'instruc-*
« *tion et des experts*, je ne puis que m'en rapporter
« absolument à vous. Mais que si cela vous échappe,
« comme je le crains, je suis dans l'obligation
« absolue de démontrer que le bordereau est *calqué*
« par Dreyfus, avec mon écriture. »

Voilà la lettre. Messieurs, nous nous dispensons, quant à nous, de tout commentaire. Il est inutile. La vérité éclate dans toute sa lumière. Aveugle qui ne la verrait pas! Au surplus, vous pourrez le demander à Esterhazy, ce commentaire, nous l'attendrons!

Que s'est-il donc passé? Nous l'ignorons. Mais ce que nous retenons, quant à présent, et cela nous suffit, c'est que ces experts, dont on redoutait d'abord les conclusions, ont fini par affirmer le *décalque* désiré par Esterhazy, et que c'est ce *décalque* qui l'a sauvé, indépendamment de la pièce fabriquée par Henry, et que le conseil a connue comme l'ont connue plus tard les jurés de la Seine.

Mais ce n'est pas tout. Nous connaissons, grâce à ce brouillon de lettre, les inquiétudes d'Esterhazy, à la veille du rapport et du procès.

Voici maintenant son cœur qui s'épanche. Vous allez entendre le cri de reconnaissance qu'il va pousser, le lendemain de son acquittement.

Dans la même potiche qui contenait la preuve indiscutable des inquiétudes, des désirs et des espérances de la veille, on a saisi le brouillon incomplet d'une lettre, portant la date du 12 janvier 1898. Ce brouillon était lacéré en morceaux. Il a été recollé dans l'instruction. Il est au dossier.

Constatons, avant de le lire, qu'Esterhazy l'a reconnu, qu'il a seulement déclaré que ce n'était là qu'un simple projet de lettre, mais que la lettre était destinée à un officier général, qu'il ne nommerait jamais, pas plus qu'il n'a voulu nommer le destinataire de la note précédente :

Voici la pièce. Écoutez :

« Mon général, *je venais de vous écrire* pour vous exprimer bien mal, car je ne trouve pas de mots pour dire tout ce que j'éprouve, toute la profonde gratitude, toute l'infinie reconnaissance que j'ai au cœur pour vous. Si je n'ai pas succombé dans cette monstrueuse campagne, c'est à vous et à vous seul, que je le dois, lorsque j'ai reçu votre lettre... »

Le brouillon s'arrête là.

C'est bien assez. Nous ne nous permettrons qu'une réflexion au sujet d'une pièce aussi grave. Brouillon, projet de lettre ou preuve évidente d'une lettre qu'Esterhazy dit qu'il vient d'écrire et qu'il a sans doute envoyée, que nous importe ? A qui était-elle destinée? A qui a-t-elle été envoyée? Nous l'ignorons, et nous l'ignorerons tant qu'Esterhazy ne nous aura pas livré son secret. Vous voudrez peut-être le lui arracher. Quant à nous, nous constatons, et cela nous suffit, qu'il y a là l'effusion d'une reconnaissance infinie pour un grand service rendu dans ce qu'il appelle « la monstrueuse campagne dirigée contre lui ». Et ce service, quel est-il? C'est le salut !

Mais maintenant, il ne faut pas que le trouble poignant que ces deux documents ont jeté dans notre esprit, nous fasse oublier de tirer les conséquences logiques, nécessaires et légales de tout ce qui précède, au point de vue du caractère juridique du fait nouveau qui en résulte.

Rapprochons l'expertise de 1897, éclairée par les documents étranges que nous avions le devoir absolu de vous faire connaître, de l'expertise de 1894.

Il en résulte clairement que le bordereau serait, non pas, comme l'ont déclaré les experts de 1894, de l'écriture de Dreyfus, mais, en grande partie du moins, d'une *écriture décalquée d'Esterhazy*.

Or, si, comme le disent les experts de 1894, le bordereau est de l'écriture même de Dreyfus, « cette écriture ne pourrait pas être décalquée, au moins en grande partie ». Et réciproquement, si elle est décalquée, même en partie, elle n'est pas de Dreyfus, car, il ne faut pas oublier, c'est le cas de le rappeler encore, l'appréciation de M. Gobert, non contredite sur ce point d'ailleurs, par les experts qui ont attribué l'écriture à Dreyfus, c'est que le bordereau « n'est pas tracé d'une écriture déguisée », mais bien, au contraire, « d'une manière naturelle, normale et avec une grande rapidité, ce qui

exclut la possibilité d'une étude ou d'un déguisement quelconque ». A plus forte raison, ajouterons-
nous, d'un *décalque*.

La contradiction entre les deux expertises est
donc flagrante. C'est là ce qu'il suffit de retenir.

Qu'importe alors, avons-nous déjà dit dans nos
réquisitions écrites, et l'heure est venue de le répéter — car nous touchons à la clé maîtresse du
procès, — que les experts de 1897 aient déclaré
que le décalque innocentait, à leurs yeux, Esler-
hazy? Nous nous garderions bien, nous le répétons aussi, d'apprécier et de discuter leur expertise. Elle nous semble décisive au procès. Nous la
prenons telle qu'elle est, matériellement, au point
de vue du caractère juridique du fait nouveau,
qu'elle nous parait constituer essentiellement.
Cela suffit pour nous, le reste ne nous regarde pas.
Si bien que, si même elle n'avait pas le sens commun, cela n'infirmerait nullement sa valeur juridique, au point de vue où nous avons à nous placer *en ce moment*.

Ce sera après vous, aux juges nouveaux, *s'il y a
lieu*, à porter la lumière définitive sur toutes ces
contradictions. Ce sera à eux qu'il appartiendra de
choisir entre les deux expertises, de les apprécier,
d'en ordonner au besoin une nouvelle, de s'éclairer,
avec toutes les circonstances de la cause, ou d'autres qui pourraient se révéler, sur la question de
savoir si, en effet, il faut admettre la thèse du *décalque*, et, dans ce cas, de rechercher quel en serait
l'auteur. Et ceci répond à ce système erroné de
droit que nous vous signalions, il y a quelques instants, et d'après lequel vous pourriez proclamer
vous-mêmes l'innocence de Dreyfus, soit dès à présent, soit après telle information que vous croiriez
devoir ordonner. Cela n'est pas possible, *à moins
de révélations nouvelles péremptoires qu'il faut*

réserver. Il y aura encore quelque chose à juger, après avoir constaté la contradiction des expertises. Il faudra résoudre cette contradiction. Nous ne savons plus quel est l'auteur du bordereau. Les deux expertises ont troublé notre conscience. Les juges du fond auront à faire leur choix entre Dreyfus et Esterhazy, ou tout autre. Peut-être, en effet, découvriront-ils un autre coupable. Nous ne pouvons leur transmettre que nos inquiétudes, ce sera à eux de les calmer, en calmant définitivement celles du pays.

Qu'importe d'ailleurs qu'Esterhazy ait été acquitté. Judiciairement, il ne risque plus rien, du moins à cet égard. On ne revise pas un acquittement. Mais, Messieurs, vous savez bien, et il faut qu'on le sache, que ceci n'est pas douteux. Cela l'est si peu qu'Esterhazy pourrait impunément avouer aujourd'hui qu'il est l'auteur du bordereau, l'impunité lui serait assurée.

Oh! il le sait bien. Car on dit partout, et vous l'avez entendu dire comme nous, qu'il aurait déjà fait cet aveu, ce qu'il serait facile de rechercher. Que de fautes, pour ne pas employer une expression plus sévère, il rachèterait en le faisant d'une façon régulière et certaine, si réellement il est l'auteur du bordereau ! Quel service il rendrait au pays, en faisant ainsi éclater l'innocence du malheureux qui réclame depuis quatre ans sa réhabilitation! *Oh ! dans ce cas, tout serait fini, car il ne resterait plus rien à juger contre Dreyfus, comme cela peut arriver aussi par suite de l'enquête, pour autre cause.*

On a prétendu, en tout cas, qu'il serait disposé à faire prochainement cet aveu.

Il paraît même, si l'on en croit deux lettres de lui, des 4 et 9 septembre derniers, publiées par le journal *Le Matin*, du 1er octobre, joint au dossier, et qui sont très suggestives, qu'Esterhazy nous préparerait un *éclat* prochain. Nous disons *éclat*, n'osant pas répéter ici le mot d'argot qu'il emploie.

Il paraît même, enfin, qu'il préparerait des mémoires bien payés qui nous révèleraient les dessous de l'affaire qu'il connait certainement mieux que personne.

Attendons. Mais tout cela n'a pour nous *actuellement* qu'un intérêt médiocre. Nous ne sommes pas des curieux avides de scandales nouveaux. Nous sommes d'honnêtes magistrats chargés de faire de la justice, sous l'égide de la loi. Quant à nous spécialement, nous sommes un magistrat ayant la haute mission de vous démontrer la nécessité d'ouvrir la porte à la revision, en remettant sous vos yeux les éléments juridiques du fait nouveau résultant des expertises comparées de 1894 et 1897. Or, il résulte de tout ce que nous venons de vous dire que, si cet aveu d'Esterhazy s'était réellement produit, et si nous en avions, ou si nous pouvions en obtenir la preuve, il constituerait à lui tout seul, un *fait nouveau décisif et libérateur*. Au besoin, nous pourrions même ne pas le retenir comme tel.

Car nous pourrions vous le présenter comme un élément péremptoire de fait nouveau se rattachant à l'expertise de 1897 et la contredisant radicalement. De telle sorte que nous aurions à la fois la contradiction existant entre l'expertise de 1894 et celle de 1897, mais mieux encore, celle existant entre l'expertise de 1897 et l'aveu d'Esterhazy, ce qui serait *encore décisif*.

Mais à notre avis, vous n'avez *aujourd'hui* pas besoin de ce nouvel élément de solution. Les deux faits exclusivement relevés par M. le garde des sceaux pourront sans doute suffire pour vous déterminer à entrer dans la voie de la revision.

Et ici, nous ne pouvons nous empêcher de faire une constatation vraiment remarquable.

O justice immanente des événements et des choses !

Elle a beau venir *pede claudo*. Tôt ou tard, elle arrive, à la grande satisfaction de la conscience publique !

Voyez cette expertise de 1897. Elle n'a eu qu'un but, n'est-ce pas ? En tout cas, elle a eu pour résultat de faire acquitter Esterhazy, et d'enlever ainsi à Dreyfus le cas de revision obligatoire qu'aurait créé, à son profit, la condamnation d'Esterhazy, aux termes de l'article 443 § 2 de la loi de 1895. Et c'est cette même expertise, destinée, d'après le désir d'Esterhazy, ainsi que cela résulte de sa fameuse note, à confirmer la sentence de 1894, qui, par sa contradiction flagrante avec l'expertise, laquelle paraît avoir servi de base à cette sentence, a fourni les éléments indiscutables d'un cas de revision facultatif. Et, vous le penserez sans doute comme nous, elle pourrait avoir pour résultat de faire tomber cette sentence, de livrer Dreyfus à de nouveaux juges, et d'assurer, peut-être son acquittement.

Oh ! le malheureux, s'il est innocent, lui qui n'a jamais, dans une longue correspondance, songé à se plaindre des juges qui l'ont frappé, le croyant coupable, comme il respectera, comme il aimera la justice de son pays, qui le rendra à la liberté, et surtout à l'honneur !

S'il est coupable, au contraire, il faudra bien qu'il s'incline. Justement frappé, il lui restera le remords de son crime et la conscience d'en avoir mérité l'expiation. Personne, désormais, ne le plaindra.

Quant à vous, vous aurez fait, dans tous les cas, une œuvre saine. Car, lorsque vous aurez ouvert la porte à la revision, vous aurez offert au nouveau conseil de guerre, s'il y a lieu, le moyen, quelle que soit sa décision, de mettre un terme aux déplorables agitations qui troublent la France depuis trop long= temps.

Nous estimons donc que vous pourriez admettre, comme moyen de revision, le fait nouveau résultant de l'expertise de 1897.

Nous n'en avons pas fini, Messieurs.

Nous avons maintenant à vous signaler, après M. le garde des sceaux, la série d'interrogatoires dans lesquels le commandant du Paty de Clam, chargé de l'instruction judiciaire de 1894, a essayé vainement d'arracher à Dreyfus l'aveu du crime qui lui était reproché.

Nous avons aussi le devoir de vous rappeler les procès de toutes sortes qui ont suivi celui de 1894 : procès Zola, procès Picquart contre du Paty de Clam, Esterhazy et la fille Pays, procès des lettres d'Esterhazy adressées à Mme de Boulancy, procès Picquart et Leblois, procès du faux attribué à Picquart, ces deux derniers encore pendants, et enfin les mesures disciplinaires prises contre Picquart, Esterhazy et du Paty de Clam. Chacun de ces procès se rattache et aboutit au procès Dreyfus, et si cela eût été nécessaire, il nous eût été facile de rechercher et de trouver, dans les volumineuses procédures que nous avons minutieusement exa- minées, plus d'un fait nouveau. Mais, en présence des deux faits sur lesquels nous venons de nous expliquer, cette recherche nous a paru inutile, du moins pour nous. A vous, Messieurs, de la faire, si votre conscience le juge nécessaire.

Toutefois, nous sommes entraîné à vous signa- ler les expertises qui se sont produites à l'audience du procès Zola. Elles ont apporté un nouvel et important élément de contradiction à l'expertise de

1897, car elles ont abouti à cette conclusion « que le bordereau était de la main d'Esterhazy, et ne pouvait pas être, par suite, de celle de Dreyfus ».

Cela est-il exact? Ces appréciations sont-elles justes? Nous n'avons pas besoin de le savoir *aujourd'hui*. Il nous suffit de constater et de relever ce nouvel échec, fait à la fois à l'expertise de 1894 et à celle de 1897. Les juges du fond diront le dernier mot à cet égard. à moins que l'enquête ne vous amène à le dire vous-mêmes. Cela ne nous regarde pas.

Enfin, Messieurs, il nous est impossible d'oublier les protestations réitérées d'innocence faites par Dreyfus, soit avant sa comparution devant le conseil de guerre, soit immédiatement après sa condamnation, soit depuis son transfert à l'île du Diable. Et si nous en parlons, c'est parce que, dans les conditions où ces protestations se sont produites, elles sont en opposition formelle avec les *aveux* qu'on prétend qu'il aurait faits, le jour même de sa dégradation, ce qui constituerait encore, au besoin, un nouvel et important élément de fait susceptible de consolider les présomptions légales d'innocence, que nous avons déjà relevées, au cours de nos conclusions.

Quelques citations ici sont nécessaires. Nous regrettons d'être forcé de les abréger. Nous les empruntons à une publication intitulée : *Lettres d'un innocent*. et qui contient la correspondance entière de Dreyfus avec sa famille, depuis le mois de décembre 1894 jusqu'au 5 mars '898. Nous ne les ferons suivre d'aucun commentaire. Ce commentaire nous entraînerait dans un domaine qui n'est pas le nôtre en ce moment. Il empiéterait sur les droits du conseil de guerre futur ou sur les vôtres. Mais chacun pourra se recueillir en présence de l'état d'âme qui se révèle dans ces confidences faites par Dreyfus à sa courageuse et, comme il l'appelle, à son héroïque compagne.

LETTRES ANTÉRIEURES A LA CONDAMNATION

5 décembre 1894. Prison du Cherche-Midi.

« Ma chère Lucie,

« On vient de me signifier ma mise en jugement pour le 19 de ce mois. Te rappelles-tu, quand je te disais combien nous étions heureux ? Tout nous souriait dans la vie. Puis, tout à coup, un coup de foudre épouvantable, dont mon cerveau est encore ébranlé. Moi, accusé du crime le plus monstrueux qu'un soldat puisse commettre ! Encore aujourd'hui, je me crois le jouet d un cauchemar épouvantable. Mais j'espère en Dieu, et en la justice ; la vérité finira bien par se faire jour. Ma conscience est calme et tranquille, elle ne me reproche rien. J'ai toujours fait mon devoir, jamais je n'ai fléchi la tête. J'ai été accablé, atterré dans ma prison sombre, en tète-à-tète avec mon cerveau. J'ai eu des moments de folie farouche. J'ai même divagué. Mais ma conscience veillait. Elle me disait : « Haut la tête et regarde le monde en face ! Fort de ta conscience, marche droit, et relève-toi ! C'est une épreuve épouvantable, mais il faut la subir. »

7 décembre.

« Rien que de penser qu'on a pu m'accusei d'un crime aussi épouvantable, d'un crime aussi monstrueux, tout mon être tressaille, tout mon corps se révolte. Avoir travaillé toute sa vie dans un but unique, dans le but de revanche contre cet infâme ravisseur qui nous a enlevé notre chère Alsace. et se voir accusé de trahison envers ce pays, non, ma chère adorée. mon esprit se refuse à comprendre !... Ma vie n'a plus qu'un but unique, c'est de trouver le misérable qui a trahi son pays. C'est de trouver le traître pour lequel aucun châtiment ne serait trop grand. Oh! chère France, toi que j'aime de toute mon âme, de tout mon cœur, toi à qui j'ai consacré toutes mes forces, toute mon intelligence, comment a-t-on pu m'accuser d'un crime aussi épouvantable? Si je n'avais mon honneur à défendre, je t'assure que j'aimerais mieux la mort. Au moins ce serait l'oubli. »

Autre lettre du même mois.

« Tout en ce monde finit par se découvrir, à force de persévérance et d'énergie. Je te jure que je découvrirai le misérable qui a commis cet acte infâme. Conserve donc tout ton courage, ma bonne chérie, et regarde le monde en face. Tu en as le droit.

« J'ai toujours marché dans la voie du devoir et de l'honneur. Jamais je n'ai eu de compromis avec ma conscience sur ce sujet. Aussi, si j'ai beaucoup souffert, si j'ai éprouvé le martyre le plus épouvantable qu'il soit possible d'imaginer, ai-je été toujours soutenu dans cette lutte terrible par ma conscience qui veillait droite et inflexible.

« Ah! si je tenais le misérable qui, non seulement a trahi son pays, mais encore a essayé de faire retomber son infamie sur moi, je ne sais quel supplice j'inventerais pour lui faire expier les moments qu'il m'a fait passer. Il faut cependant espérer qu'on finira par trouver le coupable. Ce serait, sans cela, à désespérer de la justice en ce monde. »

14 décembre.

« Mon âme reste vaillante, comme au premier jour, devant l'accusation épouvantable et monstrueuse qu'on m'a jetée à la face. Tout mon être se révolte encore à cette pensée. Mais la vérité finit toujours par se faire jour, envers et malgré tous. Nous ne sommes plus dans un siècle où la lumière pourrait être étouffée. Il faudra qu'elle se fasse entière et absolue. Il faudra que ma voix soit entendue par notre chère France comme l'a été mon accusation. Ce n'est pas seulement mon honneur que j'ai à défendre, mais encore l'honneur de tout le corps d'officiers dont je fais partie et dont je suis digne. »

11 decembre.

« J'ai affaire à des soldats loyaux et honnêtes, comme moi-même. Ils reconnaîtront, j'en suis sûr, l'erreur qui a été commise. L'erreur malheureusement est de ce monde. Qui peut dire ne s'être jamais trompé? »

15 décembre.

« Enfin, le jour de ma comparution approche. J'en finirai donc avec cette torture morale. Ma confiance est absolue. Quand on a la conscience pure et tranquille, on peut se présenter partout, la tête haute ; j'aurai affaire à des soldats qui m'entendront et me comprendront. La certitude de mon innocence entrera dans leur cœur, comme elle a été toujours dans celui de mes amis, de ceux qui m'ont connu intimement. Ma vie entière en est le meilleur garant... »

17 décembre.

« Je suis prêt à paraître devant mes juges, l'âme tranquille. Je puis paraître devant eux, comme je paraîtrai devant Dieu, le front haut, la conscience pure... Aujourd'hui comme hier, je puis regarder le monde en face. Je suis digne de commander à nos soldats. »

18 décembre.

« Avoir tout sacrifié à son pays, l'avoir servi avec un entier dévouement, avec toutes ses forces, avec toute son intelligence, et se voir accusé d'un crime aussi épouvantable! Non! non!...

« Demain je paraîtrai devant mes juges, le front haut, l'âme tranquille... Je suis prêt à paraître devant des soldats, comme un soldat qui n'a rien à se reprocher. Ils verront sur ma figure. Ils liront dans mon âme. Ils acquerront la conviction de mon innocence, comme tous ceux qui me connaissent. Dévoué à mon pays, auquel j'ai consacré toutes mes forces, toute mon intelligence, je n'ai rien à craindre. »

LETTRES POSTÉRIEURES A LA CONDAMNATION

Le 22 décembre 1898, il était condamné. Vous vous rappelez la lettre de protestation adressée par lui, le jour même de sa condamnation, à son honorable avocat, M⁰ Demange. Nous ne la relirons pas.

Voici seulement quelques-uns des fragments des lettres qu'il a écrites à sa femme. Voici le premier cri du condamné :

23 décembre.

« Être innocent, avoir eu une vie sans tache et se voir condamné pour le crime le plus monstrueux qu'un soldat puisse commettre, quoi de plus épouvantable ?

« J'espère que Dieu... finira par faire cesser ce martyre d'un innocent, qu'il fera qu'on découvre le vrai coupable. Mais pourrai-je résister jusque-là ?

« Ce qu'il faut surtout, quoi qu'il advienne de moi, c'est chercher la vérité, c'est remuer ciel et terre pour la découvrir, c'est y engloutir, s'il le faut, notre fortune, afin de réhabiliter mon nom traîné dans la boue. Il faut, à tout prix, laver cette tache imméritée. »

21 décembre.

« ... Un faible espoir me soutient encore un peu. C'est de pouvoir, un jour, réhabiliter mon nom. »

21 décembre.

« Je te prie de recommander à tous de lever la tête comme je le fais moi-même, de regarder le monde en face, sans faiblir. Ne courbe jamais le front et proclame bien haut mon innocence. »

25 décembre.

(Il va parler de sa dégradation.)

« Peut-être arriverai-je à surmonter l'horrible terreur que m'inspire la peine infamante que je vais subir. — Être un homme d'honneur, et se voir arracher, quand on est innocent, son honneur, quoi de plus épouvantable? C'est le pire de tous les supplices, pire que la mort! »

26 décembre.

« Ce ne sont pas les souffrances physiques que je crains : celles-ci n'ont jamais pu m'abattre, elles glissent sur ma peau. Mais cette torture morale de savoir mon nom traîné dans la boue, le nom d'un innocent, le nom d'un homme d'honneur! Crie-le bien haut, ma chérie; criez tous que je suis un innocent, victime d'une fatalité épouvantable!

« ... Ton amour me retient, lui seul me permet de supporter la haine de tout un peuple. Et ce peuple a raison. On lui a dit que j'étais un traître. — Ah! ce mot horrible de traître, comme il m'arrache le cœur... Moi traître! Est-il possible qu'on ait pu m'accuser et me condamner pour un crime aussi monstrueux! Criez bien haut mon innocence. Criez de toute la force de vos poumons. Criez-le sur les toits, afin que les murs s'ébranlent. — Et cherchez le coupable. C'est celui-là qu'il nous faudrait. »

27 décembre.

« Ton héroïsme me gagne, fort de ton amour,

fort de ma conscience et de l'appui inébranlable que je trouve dans nos deux familles, je sens mon courage renaître. — Je lutterai donc jusqu'à mon dernier souffle. Je lutterai jusqu'à la dernière goutte de mon sang. — Il n'est pas possible que la lumière ne se fasse pas un jour. »

28 décembre.

« Le pourvoi est rejeté. Le supplice cruel et horrible approche. — Je vais l'affronter avec la dignité d'une conscience pure et tranquille. Te dire que je ne souffrirai pas, ce serait mentir, mais je n'aurai pas de défaillance. — Continuez de votre côté, sans trêve ni repos. »

1er janvier 1895.

« C'est à partir de maintenant que le calvaire va devenir douloureux. D'abord cette cérémonie humiliante, puis les souffrances qui suivent. — Je les supporterai avec calme, avec dignité, tu peux en être assurée. — Te dire que je n'ai pas parfois des mouvements de révolte violente, ce serait mentir; l'injustice est par trop criante, mais j'ai foi en l'avenir, et j'espère avoir ma revanche.

« ... Tendez vos filets de tous côtés, le coupable finira bien par s'y prendre. »

Jeudi. midi.

« L'humiliation suprême est pour après-demain. Je m'y attendais — J'y étais préparé. Le coup cependant a été violent. Je résisterai, je te l'ai promis. — Je puiserai les forces qui me sont encore nécessaires dans ton amour, dans l'affection de vous tous, dans le souvenir de mes enfants chéris, dans l'espoir suprême que la vérité se fera jour. — Continuez vos recherches sans trêve ni repos... Moi parti, persuadez bien à tout le monde qu'il ne faut pas s'arrêter. »

L'humiliation suprême eut lieu, le 5 janvier 1895. Le voici dégradé.

De la prison du Cherche-Midi, il passe à la prison de la Santé.

LETTRES POSTÉRIEURES A LA DÉGRADATION.

Le jour même, voici ce qu'il écrit à sa femme. Nous devons lire cette lettre presque en entier.

« Ma chérie, te dire ce que j'ai souffert aujourd'hui, je ne le veux pas, ton chagrin est assez grand pour que je ne vienne pas encore l'augmenter.

« En te promettant de vivre, en te promettant de résister jusqu'à la réhabilitation de mon nom, je t'ai fait le plus grand sacrifice qu'un homme de cœur, qu'un honnête homme auquel on vient d'arracher son honneur, puisse faire. Pourvu, mon Dieu! que mes forces physiques ne m'abandonnent pas! Le moral tient, ma conscience, qui ne me reproche rien, me soutient, mais je commence à être à bout de patience et de force. — Avoir consacré toute ma vie à l'honneur, n'avoir jamais démérité et me voir où je suis, après avoir subi l'affront le plus sanglant qu'on puisse infliger à un soldat!

. . . .

« Donc, ma chérie, faites tout au monde pour trouver le véritable coupable, ne vous ralentissez pas un seul instant, c'est mon seul espoir dans le malheur épouvantable qui me poursuit.

« ... Je te raconterai, plus tard, quand nous serons de nouveau heureux, ce que j'ai souffert aujourd'hui. Combien de fois, au milieu de ces nombreuses pérégrinations, parmi de vrais coupables (il parle de prisonniers de droit commun, enfermés à la Santé), mon cœur a saigné. Je me

demandais ce que je faisais là, pourquoi j'étais là !
Il me semblait que j'étais le jouet d'une hallucina-
tion ; mais hélas ! mes vêtements déchirés, souillés,
me rappelaient brutalement à la vérité. des regards
de mépris (le mépris des voleurs et des assassins !)
qu'on me jetait, me disaient trop clairement pourquoi j'étais là.

« Ah ! hélas, pourquoi ne peut-on pas ouvrir
avec un scalpel le cœur des gens et y lire ! Tous les
braves gens qui me voyaient passer y auraient lu,
gravé en lettres d'or : « Cet homme est un homme
d'honneur ! » Mais comme je les comprends ? A
leur place, je n'aurais pas non plus pu contenir mon
mépris à la vue d'un officier, qu'on leur dit être un
traître.

« Mais hélas ! c'est là ce qu'il y a de tragique,
c'est que ce traître ce n'est pas moi.

Le même jour.

« J'ai bien l'âme courageuse du soldat, je me
demande si j'ai l'âme héroïque du martyr ! »

Le même jour.

« ... Haut les cœurs ! Je conserve toute mon
énergie. Fort de ma conscience pure et sans tâche,
je me dois à ma famille, je me dois à mon nom. Je
n'ai pas le droit de déserter tant qu'il me restera
un souffle de vie : je lutterai avec l'espoir prochain
de voir la lumière se faire. Donc, poursuivez vos
recherches. »

Enfin, voici son dernier mot. ce jour-là, le jour
de sa dégradation, ne l'oubliez pas, vous allez voir
pourquoi :

« Les souffrances physiques ne sont rien, tu
sais que je ne les crains pas, mais mes tortures
morales sont loin d'être finies. O ma chérie, qu'ai-
je fait le jour où je t'ai promis de vivre ! Je croyais
vraiment avoir l'âme plus forte. Etre résigné tou-

jours *quand on est innocent*, c'est facile à dire, mais dur à digérer. »

Messieurs, si nous avions, comme dans l'affaire Vaux, à faire la revision au fond, nous comparerions toute cette correspondance à la correspondance de Vaux, et nous en déduirions telles conclusions que cette comparaison pourrait nous inspirer.

Mais nous n'avons d'autre mission *aujourd'hui* que d'ouvrir la porte à la revision ; nous n'avons pas à la faire, du moins en ce moment. Et voici une nouvelle clé que nous avons en mains. Et quelle clé ?

Prenons cette dernière lettre du 5 janvier. Répétons qu'elle est écrite, le jour même de la dégradation, immédiatement après !

Or, c'est d'après les pièces versées au dossier ce jour-là même, un moment avant sa dégradation, que Dreyfus aurait avoué sa culpabilité à M. Lebrun-Renault. Ce n'est pas M. Lebrun-Renault qui nous l'apprend. Nous n'avons trouvé sa déposition nulle part, et cette lacune vous paraîtra peut-être surprenante. Mais il y a d'autres documents qui tendraient à constater ces aveux.

Nous ne les discutons pas maintenant. Mais nous vous disons ceci : ces aveux du 5 janvier sont absolument inconciliables avec les protestations d'innocence que contiennent encore les lettres du 5 janvier. C'est une contradiction nouvelle que nous rencontrons dans cette affaire, entre deux éléments nouveaux, les aveux et le cri d'innocence. Prenez-les en eux-mêmes, ou seulement pour éclairer les deux faits qui font la base de nos réquisitions. Cela suffit pour mieux justifier encore l'admission de la revision que nous sollicitons de votre haute justice.

Nous pourrions nous en tenir là, Messieurs, mais laissez-nous suivre encore quelques instants le condamné, d'abord à Saint-Martin-de-Ré, et enfin à l'île du Diable.

LETTRES DE SAINT-MARTIN-DE-RÉ

Voici la première :

19 janvier 1895.

« S'il y a une justice divine, il faut espérer que je serai récompensé de cette longue et effroyable torture, de ce martyre de toutes les minutes et de tous les instants !... Je préférerais cent mille fois être mort. Mais ce droit, nous ne l'avons ni les uns ni les autres. Plus je souffre, et plus cela doit aviver votre courage et votre résolution pour trouver la vérité. Cherchez donc sans trêve ni repos, en proportion de toutes les souffrances que je m'impose !... Quand serons-nous réunis, ma chérie ? Je vis dans cet espoir et dans celui bien plus grand de la réhabilitation future, mais que je souffre moralement ! »

21 janvier.

« L'autre jour, quand on m'insultait à La Rochelle, j'aurais voulu m'échapper des mains de mes gardiens, et me présenter, la poitrine découverte, à ceux pour lesquels j'étais un juste objet d'indignation et leur dire :

« Ne m'insultez pas ; mon âme que vous ne pou-
« vez connaitre est pure de toute souillure ; mais
« si vous me croyez coupable, tenez, prenez mon
« corps, je vous le livre sans regret... » Au moins alors, sous l'âpre morsure des souffrances physiques, quand j'aurais crié : Vive la France !... peut-être alors aurait-on cru à mon innocence !

« Qu'est-ce que je demande nuit et jour ? Justice, justice ! Sommes-nous au xix⁰ siècle, ou faut-il retourner quelques siècles en arrière ? Est-il possible que l'innocence soit méconnue dans un siècle de lumière et de vérité ? O Dieu! qui me rendra mon honneur qu'on m'a volé, qu'on m'a dérobé ?

· Quand cet horrible drame finira-t-il? Quand aura-t-on enfin découvert la vérité ? Ah ! ma fortune tout entière à celui qui sera assez habile et adroit pour déchiffrer cette lugubre énigme ? »

Toutes les lettres qui suivent contiennent les mêmes protestations, le même espoir en l'avenir !

21 février 1895.

« Je ferai mon possible pour dompter les battements de mon cœur ulcéré, pour supporter cet horrible et long martyre, afin de voir luire le jour heureux de la réhabilitation... Je ne vis que grâce à ma conscience, grâce à l'espoir que tout se découvrira, que le véritable criminel sera puni de son horrible crime, qu'on me rendra enfin mon honneur ! »

Voici la dernière de cette série. Nous ne retenons qu'une phrase. Elle est à méditer.

« Il ne doit pas rester un seul Français qui puisse douter de mon honneur !... » Et il répète : « Ce qu'il faut, ce que je veux, c'est la lumière éclatante et telle que personne, dans notre cher pays, puisse douter de mon honneur. C'est tout mon honneur de soldat que je veux. »

Voici enfin la série des lettres de l'île du Salut.

Elles partent du 12 mars 1895 et vont jusqu'au 5 mars 1898. Nous n'en citons que cinq. Toutes contiennent le même long cri de douleur, de protestation d'innocence et d'espoir en la réhabilitation.

12 mars 1895.

« Ma chère Lucie, le jeudi 21 février... j'ai été amené à Rochefort, et embarqué.

« Je ne te raconterai pas mon voyage, j'ai été

transporté comme le mériterait le vil gredin que je
représente. Ce n'est que justice. On ne saurait
accorder aucune pitié à un traître. C'est le dernier
des misérables, et tant que je représenterai ce misérable, je ne puis qu'approuver.

« Si tu veux que je vive, fais-moi rendre l'honneur... Ce qu'il faut, c'est un jugement me réhabili-
tant... Fais tout ce qui est humainement possible,
pour découvrir la vérité... Il y a un jugement. Rien
ne sera changé dans notre tragique situation, tant
que le jugement ne sera pas revisé. C'est une question de vie ou de mort pour moi, comme pour nos
enfants. Pour Dieu, hâtez-vous et travaillez ferme ! »

Septembre 1895.

« Va trouver M. le président de la République,
les ministres eux-mêmes qui m'ont fait condamner...
La seule chose que nous ayons à demander, c'est
la découverte de la vérité, l'honneur de nos chers
petits. Il s'agit de n'apporter en cette horrible
affaire, ni acrimonie, ni amertume contre personne. Il faut viser plus haut. »

25 janvier 1894.

« J'ai demandé la réhabilitation, la revision du
procès à M. le président de la République, à M. le
ministre de la guerre, à M. le général de Boisdeffre.
J'ai remis le sort de tant de victimes innocentes, le
sort de nos enfants entre leurs mains. J'ai confié
l'avenir de nos enfants à M. le général de Boisdeffre. J'attends, avec une fiévreuse impatience,
avec ce qui me reste de forces, leur réponse. »

26 janvier 1898.

« Voici la situation telle que je crois la comprendre,
et je m'imagine n'être pas loin de la vérité. Je crois que
M. le général de Boisdeffre ne s'est jamais refusé à
nous rendre justice. Nous, profondément blessés,

nous lui demandons la lumière. Il n'a pas plus été en son pouvoir qu'au nôtre de la faire. Elle se fera dans un avenir que nul ne peut prévoir. Je lui ai demandé simplement la réhabilitation, un terme à notre épouvantable martyre. J'attends la réponse avec ce qui me reste de forces, en comptant les heures, presque les minutes...

« Si je succombe, je te donne comme devoir absolu d'aller trouver M. le général Boisdeffre, et après les lettres que je lui ai écrites, le sentiment qui, j'en suis sûr, est au fond de son cœur, est [de nous accorder la réhabilitation. Quand tu auras bien compris que la lumière est une œuvre de longue haleine, qu'il est impossible de prévoir quand elle aboutira, je n'ai nul doute qu'il ne t'accorde de suite la revision du procès... J'espère aussi que, sur ma tombe, il me rendra le témoignage, non seulement de la loyauté de mon passé, mais de la loyauté absolue de ma conduite depuis trois ans où, sous tous les supplices, sous toutes les tortures, je n'ai jamais oublié ce que j'étais, soldat loyal et dévoué à son pays.

« Je n'ai fait que mon devoir. »

DERNIÈRE LETTRE

5 mars 1898.

« Chère Lucie... Je n'ajouterai plus rien aux longues lettres que je t'écris depuis trois mois. Les dernières sont peut-être nerveuses, débordantes d'impatience, de douleur et de souffrance. Mais tout cela est trop épouvantable et il y aura des responsabilités à établir.

« Je ne veux donc pas me rééditer indéfiniment. Conformément à l'exposé d'une situation aussi tragique qu'imméritée, supportée depuis trop longtemps par tant de victimes innocentes (il veut parler là de lui-même et de tous les siens), je demande et redemande ma réhabilitation au gouvernement. Et j'attends, chaque jour, d'apprendre que le jour de la justice a enfin lui pour nous. »

Cette heure nous paraît venue, Messieurs. Il ne vous appartient pas sans doute maintenant de prononcer cette réhabilitation qu'il demande à grands cris depuis si longtemps. Ce n'est pas là la mission actuelle que la loi vous donne. Mais il vous appartient de la préparer. A d'autres ou à vous-mêmes de la prononcer plus tard, s'il la mérite, ou de le vouer définitivement à l'exécration de la France, s'il l'a indignement trahie.

Votre mission aujourd'hui est suffisamment grande, Messieurs. Votre conscience et la loi vous convient à la remplir, sans hésitation, sans préoccupation des passions malsaines qui entourent ce grave procès avec la fermeté et le calme qui conviennent à votre suprême juridiction.

Quelques mots pourtant, avant de finir. Ils nous paraissent nécessaires.

Depuis que la question de revision est posée, non seulement devant vous, mais devant l'opinion, la France s'est divisée en deux partis, le parti des revisionnistes, le parti des non-revisionnistes. Ces deux opinions peuvent se comprendre, mais nous ne saurions admettre qu'elles puissent légitimer les injures et les calomnies réciproques de leurs partisans.

L'injure la plus grave et la plus imméritée est celle qui consiste à dire que les partisans de la revision sont des traîtres, des vendus et des insulteurs de l'armée. Ni nous, ni vous, Messieurs, nous n'avons échappé à cette odieuse accusation. Elle nous a profondément indigné.

Quel que soit le mépris que nous puissions éprouver pour un tel outrage, nous nous faisons un devoir, par respect pour la magistrature, dont nous sommes tous ici les plus hauts représentants, et pour nos sentiments de profonde estime, d'affection et de patriotique confiance envers l'armée, de protester hautement et de faire appel aux honnêtes gens de tous les partis.

Nous, les insulteurs de l'armée, parce que, la loi à la main, nous croyons à la possibilité légale de faire juger de nouveau Dreyfus ! Et si, jugeant en notre âme et conscience que cette possibilité s'impose, que serions-nous donc si nous ne la proclamions pas ?

Nous avons, Messieurs, pour nous encourager dans cette voie de réparation et de justice, un noble exemple à suivre. Vous allez voir dans quelles circonstances il s'est produit :

En 1841, M. le procureur général Dupin déféra d'office à la Cour, dans l'intérêt de la loi, pour incompétence et excès de pouvoir, un jugement du conseil de guerre de Bône, qui avait condamné un Arabe, nommé El Chourfy, à la peine de mort, pour complicité de l'assassinat du capitaine Saget.

El Chourfy s'était pourvu en cassation. Malgré ce pourvoi et ses protestations d'innocence, il fut exécuté !

Nous voudrions pouvoir reproduire, en entier, les éloquentes conclusions de M. le procureur général Dupin. Nous n'en citerons que la péroraison. Tout le monde en reconnaitra le caractère élevé, et il nous a paru utile, par un temps où rien n'est respecté par les passions déchaînées, de relever de pareilles paroles :

« Je dois rendre cette justice au gouvernement. Les ministres ont blâmé sévèrement la conduite tenue dans cette circonstance. Ils n'ont pas balancé à la qualifier eux-mêmes d'excès de pouvoir. En cela ils ont fait leur devoir. Mais il nous reste à faire le nôtre. Du reste, qu'on ne redoute pas la prétendue conséquence fâcheuse pour notre domination en Afrique, de l'arrêt que vous êtes appelés à rendre. Ces considérations ne sauraient prévaloir sur le droit et la justice. La puissance du roi de Prusse n'était pas affaiblie quand un simple citoyen lui répondait : « Il y a des juges à Berlin » ; notre puissance en Afrique ne sera pas affaiblie par le sentiment qu'on saura en Algérie, qu'il existe à Paris une cour qui veille à l'exacte observation des lois, et lorsqu'on sera bien convaincu, indigènes ou Européens, que, partout où la justice se rend au nom du roi des Français, elle doit se rendre en respectant les lois et les formes de procéder. Là où nous sommes les maîtres par la force, plus de justice est nécessaire. C'est là surtout ce qui doit caractériser notre supériorité. Enfin, qu'on cesse de redire ce qu'on a déjà insinué tant de fois : « L'homme est « mort, pourquoi ne pas laisser cette affaire dans « l'oubli? »

« La fiction représente la Justice avec un bandeau sur les yeux, mais c'est pour marquer qu'elle ne doit pas faire acception de personnes, ni céder à la faveur. Ce n'est pas pour l'empêcher d'entendre les plaintes des justiciables et la voix de ceux qui lui signalent des actes qu'elle doit réprimer. Si nous ne pouvons rendre la vie à l'homme, rendons du moins force à la loi.

« Retenez d'ailleurs ceci, Messieurs : aujourd'hui c'est un Arabe, demain ce sera un Français. »

Ce magnifique appel fit déclarer le pourvoi du procureur général recevable, mais, sur le fond, la Cour crut devoir le rejeter, par des motifs spéciaux que comportaient les éléments de l'affaire et que nous n'avons pas à rappeler ici.

Voici une seconde affaire que nous devons placer sous vos yeux.

M. le procureur général Dupin avait dit : « Aujourd'hui c'est un Arabe, demain ce sera un Français ». Un an après, sa prophétie se réalisait.

En 1842, un sieur Fabus fut condamné à cinq ans de fers et à la dégradation, par le même conseil de guerre de Bône, pour détournements de denrées militaires confiées à sa garde.

Le ministre de la guerre invita, lui-même, M. le garde des sceaux à saisir la Cour de cassation d'un pourvoi dans l'intérêt de la loi. L'examen attentif des pièces de comptabilité lui avait paru fournir de graves raisons de douter de la culpabilité de Fabus.

Le procureur général saisi de l'affaire disait, dans son réquisitoire écrit : « La gravité des faits signalés dans la lettre de M. le garde des sceaux, cette déclaration qu'on lit dans la même lettre que M. le ministre de la guerre a la profonde conviction que Fabus est innocent, la nature particulière des charges sous lesquelles un fonctionnaire innocent avait succombé, tout nous fait un devoir d'apporter, dans l'exercice d'un droit que la loi ouvre au gouvernement, comme un dernier recours contre de déplorables erreurs, une sévère et scrupuleuse attention... »

Et, savez-vous, Messieurs, ce qui s'était passé dans cette affaire ?

Le condamné s'était d'abord pourvu en revision. Or, que nous apprend le réquisitoire de M. le procureur général Dupin ? « Aussitôt après ce pourvoi, Fabus fut mis au secret, par ordre du capitaine rapporteur. Cet officier refusa de lui donner communication des pièces de la procédure. Il refusa même de le laisser communiquer avec qui que ce soit, notamment avec son défenseur, malgré la réquisition de ce dernier constatée par un acte extrajudiciaire. Il en résulte donc que l'accusé a été privé des moyens de défense qui lui étaient assurés par l'article 15 de la loi du 18 vendémiaire an VI, et par le principe sacré de la libre défense des accusés. Vous casserez donc le jugement qui vous est déféré. »

Ce n'est pas tout, le condamné s'était pourvu, en outre, en cassation contre le jugement du conseil de guerre. — Et, malgré ce pourvoi, au mépris de ce pourvoi, le jugement avait été exécuté.

Et comment? Voici le récit de la *Gazette des Tribunaux* de l'époque :

« Cette exécution fut accompagnée de circonstances odieuses. Ainsi, le condamné fut violemment arraché de la prison, et comme il refusait de marcher, invoquant l'effet suspensif du pourvoi, on le plaça de force sur une chaise. on l'emporta au lieu de l'exécution, sur la place publique de Bône, pour lui faire subir la dégradation militaire. Là, le malheureux condamné protesta encore. Mais le capitaine rapporteur, qui présidait à l'exécution, lui imposa silence, en le menaçant de le faire bâillonner. Un roulement de tambour étouffa les derniers cris de Fabus. Son uniforme et son épée n'avaient pu être trouvés dans une perquisition faite à son domicile. Ne pouvant accomplir sur ces insignes le triste cérémonial de la dégradation militaire, on arracha les bandes rouges qui garnissaient le pantalon d'uniforme du condamné! »

O saintes lois protectrices des accusés et même des condamnés! Qu'a-t-on fait de vous dans cette circonstance? Eh bien, Messieurs, a-t-on songé alors à accuser vos prédécesseurs d'être les insulteurs de l'armée, au moment où ils étaient appelés à faire justice d'une pareille iniquité et à flétrir ceux qui l'avaient commise?

Et M. le procureur général Dupin a-t-il reculé devant la mission que lui imposait la loi? A-t-il craint, en se montrant sévère, d'être accusé d'in-

sulter l'armée innocente de la faute grave de quelques-uns de ses membres ?

Il releva d'abord, comme moyen de cassation, la
violation des droits de la défense, et l'étrange condamnation basée, en partie, sur des faits pour lesquels Fabus avait été acquitté par un précédent
conseil de guerre, annulé pour vice de forme.

Et puis, voici ce qu'il dit, écoutez-le :

« Par une complication qui appartient à cette
déplorable affaire, il ne suffirait même pas de casser le jugement, si l'on ne cassait, en même temps
ce qui a suivi :

« En effet, le récit des faits nous l'a appris,
quoique Fabus se fût pourvu en cassation, et que
son pourvoi fût parfaitement connu de l'autorité
militaire, on a passé outre à l'exécution.

« Je l'avais bien prévu, ajoute-t-il, lorsque dans
l'affaire de l'Arabe El-Chourfy, mis à mort, malgré
sa déclaration de pourvoi, je m'écriais devant
vous : « Aujourd'hui c'est un Arabe, demain ce
« sera un Français. » — Le fait est arrivé, Fabus,
citoyen français, employé du gouvernement, a été
traîné violemment sur la place publique, et lorsqu'il s'écriait comme l'une des victimes de Verrès :
« *Civis romanus sum !* » « Je me suis pourvu en
cassation », le capitaine rapporteur l'interrompit,
menaçant de renouveler pour lui l'incident du supplice de Lally, et de le faire bâillonner, s'il conti-
nuait de protester. Il a subi la peine de la dégradation !

« Cependant, Messieurs, consultons nos lois. Inter-
rogeons les principes. Au criminel, le pourvoi est
toujours suspensif, parce que toute peine subie par
le condamné constitue pour lui un tort irréparable,
en définitive. — A cela, Messieurs, on veut substi-
tuer une autre doctrine, celle de la précipitation,
celle de l'urgence pour l'exécution des condamna-

tions prononcées par les conseils de guerre. — Doctrine désolante qui tendrait à ériger en droit commun, pour les conseils de guerre, cette sentence burlesque attribuée à une juridiction du moyen âge, qui, selon les chroniques du Palais, « avait condamné un homme à être pendu et « étranglé, *nonobstant l'appel et sans y préju-* « *dicier* ».

« Sanglante dérision quand il s'agit de la vie, scandale non moins affligeant quand il s'agit de l'honneur !

« Messieurs, il n'en peut être ainsi, ou bien votre juridiction n'est qu'un vain mot.....

« Magistrats, le remède est dans vos mains. Les circulaires du ministre de la guerre contiennent des formules que je désire voir passer dans votre arrêt. Marquez du moins, par un considérant, votre improbation sur l'exécution prématurée de l'arrêt dont vous allez prononcer la cassation, et j'ose prédire que des abus aussi monstrueux, et ce que le ministre de la guerre lui-même appelle d'aussi odieux excès, ne se renouvelleront plus en Algérie.

« Il faut, sans doute, y déployer la force de nos armes. Là est la conquête. Mais il faut aussi régner par la justice et par les lois.

« Il faut que tous ceux qui habitent cette terre, indigènes ou Français, sachent qu'il y a des juges à Paris, et qu'on ne saurait impunément priver aucun accusé des droits que lui garantissent nos institutions. Là est la civilisation. »

Voici, en outre, la péroraison du plaidoyer prononcé par M. Bonjean, avocat de Fabus, M. Bonjean, le futur président de chambre à la Cour de cassation, le noble martyr de la Commune de 1871 !

« Que dire de l'empressement sauvage qu'on a mis à faire exécuter la condamnation, au mépris du pourvoi formé par Fabus? La Cour n'a point oublié l'affaire de l'Arabe El Chourfy, et le mémorable réquisitoire de M. le procureur général. Que pourrait notre faible voix ajouter à cette parole puissante, qui vengea si énergiquement la cause des lois et de l'humanité?

« Malheureusement, alors, le sang avait coulé, le mal était irréparable, et la Cour crut devoir jeter un voile... sur cette sanglante erreur judiciaire. Aujourd'hui, grâce à Dieu, les circonstances ne sont plus les mêmes, et la Cour saisira, sans doute, avec empressement, l'occasion de mettre un terme à un abus dont l'expérience n'a que trop démontré les dangers. »

Après ces éloquents efforts de la défense, et de notre illustre prédécesseur, le jugement de Bône fut cassé sur tous les points. Un mois après, le conseil de guerre d'Alger renvoya Fabus de toutes les fins de la poursuite. Une ordonnance du gouverneur général le maréchal Bugeaud, le remit le lendemain en possession de son grade. Enfin, par ordonnance du roi Louis-Philippe, en date du 19 novembre 1843, Fabus, qui était adjudant en second de l'administration de la guerre, fut promu au grade d'adjudant en premier. Il reprit son service en Algérie.

Et maintenant qu'on ose dire encore, après de tels exemples, que nous outrageons l'armée, parce que nous venons vous demander, et que vous croirez pouvoir prononcer sans doute, après vous être complètement éclairés, la cassation du jugement de 1894, et peut-être l'innocence de Dreyfus?

Ne suffit-il pas, pour répondre victorieusement à des attaques aussi injustes, de se poser cette question :

Comment, si les juges de 1894 ont été trompés, ou s'ils se sont trompés de bonne foi dans leur appréciation, la revision du procès peut-elle entacher leur honneur? Est-ce que les décisions des conseils de guerre sont intangibles? La loi militaire prévoit contre elles, de la façon la plus formelle, le droit de revision. Et ce droit, vous le savez, Messieurs, vous l'avez consacré plusieurs fois sur nos réquisitions. Elles n'échappent donc pas au sort commun de toutes les décisions de justice. Est-ce qu'un tribunal est déshonoré parce qu'une cour d'appel réforme son jugement? Est-ce qu'une cour d'appel est déshonorée parce que la Cour de cassation casse ses arrêts? Est-ce que vous êtes déshonorés, Messieurs, lorsque les chambres réunies de la Cour de cassation font échec à vos arrêts?

Oh! Messieurs, c'est, au contraire l'honneur de la justice française, ce droit de recours organisé par nos lois depuis le plus modeste degré de juridiction, jusqu'au plus élevé. C'est là la garantie des justiciables!

Et, en dehors des juges militaires, qu'un arrêt de revision ne saurait atteindre, en quoi l'armée, en général, pourrait-elle en être atteinte? Comment pourrait-elle se croire insultée?

Mais d'abord, qui pourrait se permettre de dire qu'elle n'est pas la première à désirer qu'on en finisse avec cette agitation dangereuse, qui s'est faite autour de l'affaire Dreyfus?

Et puis, l'armée, qu'est-ce donc aujourd'hui? C'est la France défendue par tous ses enfants, par les nôtres, par les vôtres. Ah! si chacun de nous voulait faire état du contingent de forces qu'il a fournies pour sa part au pays, on verrait bien que nous avons largement payé notre dette avec le sang des nôtres. Il en est qui dorment à Mars-la-Tour!

N'avons-nous pas aussi, dans l'armée, des amis

fidèles et dévoués, et dans de très hauts grades ? — Et l'on veut que nous soyons les insulteurs de nos enfants et de nos amis ? Quelle folie ! Nous laissons les honnêtes gens, les gens de bonne foi, juges de pareils procédés ! Ce sont des armes de parti ! Elles ne méritent que le mépris. Elles ne sauraient atteindre des magistrats qui n'ont au cœur, comme nous tous ici, qu'une passion, celle de la justice et de la vérité ! Détournons nos regards, et passons.

Mais si une erreur judiciaire a été commise vis-à-vis d'un membre de l'armée, n'est-il pas de l'intérêt et du véritable honneur de l'armée, qu'elle soit légalement reconnue et réparée ?

Enfin, Messieurs, ne faut-il pas penser à l'honneur de ce noble pays de France, ce pays de lumière, de vérité et de justice sur lequel toutes les nations ont l'œil pour le prendre pour modèle ? Son bon renom n'est-il pas engagé dans la réparation de ce malheur formidable, qu'on appelle une erreur judiciaire ?

Tous les cœurs honnêtes, tous les cœurs vraiment patriotes, tous les bons citoyens nous approuveront. Nous leur livrons sans crainte l'œuvre de conscience que nous venons de remplir, et que vous remplirez à votre tour, nous en avons l'espoir.

Encore un mot.

Messieurs les magistrats de la République, vous rendez la justice au *nom du Peuple français.*

C'est la formule exécutoire de vos arrêts. — En 1842, les magistrats de la Cour de cassation ont laissé passer la Justice du Roi, et Fabus a été jugé de nouveau et réhabilité.

Feriez-vous moins que les magistrats de la Monarchie ? — Laissez donc passer la Justice de la République ! Qu'elle traverse les mers ; qu'elle aille surprendre et consoler là-bas, sur son rocher, le malheureux Dreyfus qui l'implore depuis quatre ans, et qui ne sait pas qu'elle arrive enfin !

Qu'il vienne se défendre ! Qu'il vienne se justifier, s'il le peut, et qu'alors cet honneur, pour lequel il a voulu avoir la force de vivre, lui soit rendu ! Et qu'il retrouve dans l'affection dévouée de sa noble compagne, de ses enfants adorés et de tous les siens, l'oubli des jours cruels !

Mais s'il ne se justifie pas, s'il est coupable, que son nom soit deux fois maudit. Car, non seulement il aurait commis l'abominable crime de trahison, mais encore il serait responsable du trouble qui agite, depuis si longtemps, les esprits et qui a compromis, de la façon la plus grave, la tranquillité de la France.

Dreyfus proteste d'avance contre cette éventualité d'une nouvelle condamnation. Il proclame son innocence. Il vous demande justice. Cette justice, vous pouvez la lui rendre aujourd'hui sous une double forme, au choix de votre conscience.

Vous pouvez, avec les éléments que nous venons de vous fournir, casser d'ores et déjà la sentence de 1894 et livrer immédiatement Dreyfus à ses nouveaux juges.

Vous pouvez aussi hésiter sur une solution immédiate. Il y a dans ce procès, à côté des points lumineux, d'autres points qu'il peut vous paraître nécessaire d'élucider. C'est à vous et à vous seuls qu'il appartient de dire si vous êtes suffisamment éclairés en ce moment. Si vous ne l'étiez pas, après avoir statué sur la recevabilité de la demande, laquelle n'est pas contestable, dans l'espèce, la loi de 1895 vous donne largement le moyen de faire la lumière. L'article 445 déclare formellement ce qui suit : « En cas de recevabilité, si l'affaire n'est pas en état, la Cour procédera, directement ou par commissions rogatoires, à toutes enquêtes sur le fond, confrontations, reconnaissance d'identité, interrogatoires et moyens propres à mettre la vérité en évidence. »

Si vous croyiez qu'il fût nécessaire de recourir à cette information, afin de rassurer complètement votre conscience, nous nous associerions volontiers à une semblable mesure, pour laquelle la loi vous donne des pouvoirs illimités. convaincu d'avance qu'elle ne pourrait que rendre plus manifeste la suspicion légitime qui s'attache à l'œuvre d'Henry, et infirmer davantage celle des experts.

L'exercice de ce droit, nous devons dire l'accomplissement de ce devoir sacré, qui a pour but, comme le dit la loi, d'arriver à mettre la vérité en évidence, on a osé écrire, Messieurs, que ce serait de la justice « par ordre », s'appropriant ainsi, pour outrager la plus haute magistrature du pays, une expression qu'on poursuit comme un outrage à l'armée. Vous respectez celle-ci et avec raison, mais pas plus que nous. Respectez donc l'autre !! Ah ! Messieurs, nous voudrions bien savoir si ceux qui sont hostiles à la revision, sans connaître un mot du dossier, et qui accueillent par des outrages notre œuvre légale, tiendraient pareil langage si l'un des leurs était innocent et qu'il fût relégué à l'île du Diable. Nous posons la question, et nous n'avons pas besoin de la réponse.

Savez-vous ce qu'ils feraient alors? Ils nous insulteraient bien plus fort, si nous refusions la revision, ou si nous n'employions pas tous les moyens de faire éclater la vérité !

Une grande leçon vient de leur être donnée par l'honorable contre-amiral Réveillère, dans une superbe lettre, qui est une œuvre de bon sens et de vrai patriotisme. La voici, telle qu'elle a été reproduite par plusieurs journaux. Elle vaut la peine d'être citée. On ne saurait mieux penser ni mieux dire. Nous nous l'approprions :

« Ayant la conviction profonde de me trouver en communion de pensée avec les personnes que la passion n'a pas entrainées à la perte de leur sang-froid, j'ai l'honneur, M. le Rédacteur en chef (de la *Dépêche de Brest*), de vous demander l'insertion des quelques lignes suivantes :

« Des journaux m'ont considéré comme un revisionniste. C'est à tort.

« Je ne suis ni revisionniste ni antirevisionniste. Comme nous devrions l'être tous, je suis tout simplement un respectueux serviteur de la loi, dont la Cour de cassation est le suprême organe.

« A tort ou à raison (mille fois avec raison selon moi, mais il n'importe) le gouvernement a saisi la Cour de cassation. Le fait est accompli.

« Il ne reste plus qu'à s'incliner devant l'arrêt qu'elle prononcera.

« Si la Cour se prononce contre la revision, je serai antirevisionniste, si elle se prononce pour la revision, je serai revisionniste.

« Penser autrement, *c'est être un factieux.* »

Messieurs, ces factieux-là, s'il s'en produit après votre arrêt, quel qu'il soit, nous les dénonçons d'avance à la justice de la France honnête qui, s'inclinant respectueusement devant votre décision, les jugera et les condamnera comme les ennemis de son repos et de sa prospérité! Quant à nous, « ayant la conscience d'être dignes du respect des honnêtes gens, nous n'avons pas besoin de l'estime des autres », comme l'a si bien dit, à notre séance de rentrée, notre avocat général, M. Melcot.

Messieurs, au xi⁰ siècle, les Seigneurs avaient établi entre eux, pour certains jours de la semaine, ce que l'on a appelé la *trève de Dieu.* Au xix⁰ siècle, nous demandons aux adversaires obstinés de la revision ordonnée ou préparée par vous, une trève plus durable, la *trève du silence*.

D'accord avec nous, le bon sens public l'appellera la *trève de la justice*.

Notre tâche est finie, Messieurs, la vôtre va commencer. Qu'allez-vous faire? Rejeter la demande en revision? Nous n'en admettons pas la possibilité, en présence des documents du dossier.

Vous déclarerez donc la demande recevable. Cela fait, si vous êtes suffisamment éclairés, faites aujourd'hui même la revision. Vous le pouvez. Nous vous en avons indiqué les éléments légaux.

Mais, s'il y a encore pour vos consciences, comme pour la nôtre, quelques coins obscurs dans ce sombre drame judiciaire, dont le premier acte s'est joué en 1894, prenant en mains le flambeau de l'enquête, sondons-en les mystérieuses profondeurs, inondons-les de lumière. Alors, à la grande consolation et à la grande joie de tous les braves gens, nous aurons l'immense honneur d'en préparer le dénoûment, en faisant briller, à tous les yeux, éblouissantes de clarté, les splendides figures de la vérité et de la justice.

C'est notre dernier mot.

En conséquence, nous requérons qu'il plaise à la Cour déclarer recevables l'intervention de Mme Dreyfus, ainsi que la demande en revision dans l'intérêt de Dreyfus ;

En statuant d'ores et déjà au fond, si elle est suffisamment éclairée, casser et annuler le jugement du 22 décembre 1894, qui a condamné Dreyfus à la déportation et à la dégradation ;

Ce faisant, renvoyer Dreyfus, avec les pièces du procès, devant le conseil de guerre qu'il lui plaira désigner ;

Ordonner que l'arrêt à intervenir sera imprimé,

qu'il sera transcrit sur les registres du premier conseil de guerre de Paris et que mention en sera faite en marge de la décision annulée ;

Subsidiairement, et si la Cour le juge nécessaire, ordonner, avant faire droit, le supplément d'information autorisé par l'art. 445 de la loi de 1895 ;

Et dans l'un comme dans l'autre cas, tenant la déclaration de recevabilité de la demande, ordonner la suspension de la peine, en vertu du dernier paragraphe de l'article 444 de la même loi.

Par arrêt du 29 octobre, et conformément aux conclusions dernières du réquisitoire, la Cour a ordonné qu'une enquête serait faite par elle.

Paris. — Imp. de la *Gazette du Palais*, 5, boul. du Palais